杉本敏夫 監修

最新・はじめて学ぶ社会福祉

権利擁護を支える法制度

都村尚子

編著

ミネルヴァ書房

シリーズ刊行によせて

　この度，新たに「最新・はじめて学ぶ社会福祉」のシリーズが刊行されることになった。このシリーズは，もともと1998年に，当時岡山県立大学の教授であった故大島侑先生が監修されて「シリーズ・はじめて学ぶ社会福祉」として始まったものであった。当時，現監修者の杉本も岡山県立大学に勤務しており，一部の執筆と編集を担当した。そのような縁があって，その後，杉本が監修を引き継ぎ，2015年に「新・はじめて学ぶ社会福祉」のシリーズを刊行していただいた。

　この度の新シリーズ刊行は，これまでの取り組みをベースに，ちょうど社会福祉士の新しく改正されたカリキュラムが始まることに対応して新しいシラバスにも配慮しつつ，これからの社会福祉について学べるように改訂し，内容の充実を図るものである。また，これまでのシリーズは社会福祉概論や老人福祉論といった社会福祉の中核に焦点を当てた構成をしていたが，今回のシリーズにおいては，いままで以上に社会福祉士の養成を意識して，社会学や心理学，社会福祉調査等の科目もシリーズに加えて充実を図っているのが特徴である。

　なお，これまでの本シリーズの特徴は，①初心者にもわかりやすく社会福祉を説明する，②社会福祉士，精神保健福祉士，介護福祉士，保育士等の養成テキストとして活用できる，③専門職養成の教科書にとどまらないで社会福祉の本質を追究する，ということであった。この新しいシリーズでも，これらの特徴を継続することを各編集者にはお願いをしているので，これから社会福祉を学ぼうとしている人びとや学生は，そのような視点で社会福祉を学べるものと思う。

　21世紀になり，社会福祉も「地域包括」や「自助，互助，共助，公助」と

いった考え方をベースにして展開が図られてきた。そのような流れの中で，社会福祉士や精神保健福祉士もソーシャルワーカーとしての働きを模索，展開してきたように思うし，ソーシャルワーカー養成も紆余曲折を経ながら今日に至ってきた。複雑多様化する生活問題の解決を，社会がソーシャルワーカーに期待する側面もますます強くなってきている。さらには，社会福祉の専門職である保育士や介護福祉士がソーシャルワークの視点をもって支援や援助を行い，社会福祉士や精神保健福祉士と連携や協働が必要な場面が増加している。それと同時に，社会福祉士や精神保健福祉士としての仕事を遂行するのに必要な知識や技術も複雑，高度化してきている。社会福祉士の養成教育の高度化が求められるのも当然である。

　このまえがきを執筆しているのは，2021年1月である。世の中は新型コロナが蔓延しているまっただ中にある。新型コロナは人びとの生活を直撃して，生活の困難が拡大している。生活の困難に対応する制度が社会福祉の制度であり，それを中心となって担うのが社会福祉の専門職である。各専門職がどのような役割を果たすのかが問われているように思う。

　新型コロナはいずれ終息するであろう。その時に，我々の社会や生活はどのような形になるのであろうか。人びとの意識はどのように変化しているのであろうか。また，そのような時代に社会福祉の専門職にはどのようなことが期待されるのであろうか。まだまだよくわからないのが本当であろうが，我々は社会福祉の立場でこれらをよく考えておくことも重要ではないかと思われる。

　2021年1月

監修者　杉本敏夫

はじめに

　本書『権利擁護を支える法制度』は，社会福祉士・精神保健福祉士に代表されるソーシャルワーカーの本質的な働きである「権利擁護」に関して，「権利擁護とは何であるか」あるいは「権利擁護を遂行するために必要な知識・技術は何であるか」などを，多側面からの切り口で，実践を想定し，記したものとなっています。

　社会福祉士・精神保健福祉士の養成カリキュラムは，2009年に大幅に見直され，その際に従来の「法学」に代わって設けられた科目が「権利擁護と成年後見制度」でした。そして，2021年度には，さらに新たなカリキュラムに編成され，今回の「権利擁護を支える法制度」に改称となり，「権利擁護」に関する課題解決を目指して取り組むための内容が整えられています。

　本書は，厚生労働省が示している「科目のねらい」を包含しています。実際に成年後見人として権利擁護に携わっている社会福祉士や成年後見を専門とする研究者らと法律の専門家らが協働して作り上げたことが大きな特徴となっており，可能な限り，わかりやすい説明・記載に注力いたしました。特に「権利擁護」に関する事柄の中でも，2006年の国連総会での障害者権利条約の採択以降重要なトピックとなっている「意思決定支援」は，本書の内容における柱のひとつになっています。「コラム」についても，それぞれ専門職ならではの，権利擁護やクライエントへの熱い思いが伝わる内容となっております。

　本書は4部構成となっており，第Ⅰ部は「法の基礎」として，主にソーシャルワーカーが法を学ぶ意義について考えます。第Ⅱ部では，「ソーシャルワークと法の関わり」として，ソーシャルワーカーの実際の支援に必要な法の知識（憲法，民法，行政法）を概観します。第Ⅲ部では，「権利擁護の意義と権利擁護を支える仕組み」として，権利擁護の目指すものやその必要性について挙げ，さらに現在の社会福祉領域における権利擁護の仕組みをおさえています。第Ⅳ部は，「成年後見制度と自立支援事業」として，この2つの仕組みについて学

びます。

　今日，日本においてはますます，「権利擁護」の重要性は高まっております。しかし，一方では「権利擁護」に関する共通認識や研究あるいは教育内容は確立されているとはいいがたい現状の中，それらの発展はさらに期待されております。本書がわずかでもその一助になることを願って止みません。

　2023年5月

編者　都村尚子

目　　次

第Ⅳ部　成年後見制度と自立支援事業

第 I 部

法の基礎

第１章

法の基礎知識

　法は社会の表れであり，法を学ぶことは社会を知ることである。法を学び，法律を正しく利用することによって，社会に正義をもたらすことになる。本章では，法の目的，社会規範，法の分類と機能，裁判制度などについて概説する。

1　法と規範

（1）法の目的

　法の目的の第一は，社会に「正義」をもたらすことである。ここでいう「正義」とは「平等」という考え方に近い。この「正義」には，均分的正義と配分的正義がある。均分的正義とは，人を平等に扱うことであり，配分的正義とは，人の特性や個性に応じて物が配分されることである。人はみな，年齢，性別，人種，信条，身分などに関係なく平等であるが，すべての人を同じに扱うとかえって不公平な状態が生じることもある。すでに生じている格差を是正するため，人の特性や個性に応じて配分し，実質的な平等を目指すことが求められている。たとえば，国民一人ずつから税金100万円を徴収すると，平等のように見えるが，収入や必要経費の多寡など，個々人の事情に合わせて税額を変え，困窮している人にお金を配分するといった対応が必要となる。

　法の目的の第二は，次の５点による「安定性」である。①法それ自体が安定していること，法によって社会が安定していること，生活秩序が平和的に維持されている必要がある。そのうえで，②国民が法の存在や内容を確実に認識できること（認識可能性），③その法律の内容が明確であること（明確性）が必要

となる。特に刑法では，何をしたら罪になるか，どの程度の処罰があるかを明確にする必要がある。そして，④法の違反者に対して罰則や制裁があること，逮捕・起訴・裁判・執行という刑事司法システムが機能している必要がある（実効性）。また，⑤法律の改正には，国会で過半数以上の賛成で可決されるなど，手続を経る必要がある（変更の制限）。

　法の目的の第三は，「合目的性」である。国によって，社会システム，世界観，法の目的が異なる。日本では個人主義的世界観（日本国憲法第13条）に立ちながら，公共の福祉（憲法第12条など）の前では制約されている。人はみな個人としてかけがえのない存在であり，基本的人権は最大限尊重されなければならない。しかし，人権も社会共同生活を前提とするため，他人の自由や権利を奪ってまでその行使が認められるものではない。第3章で詳しく見るが，人権が，具体的な他者の人権と衝突する場合に限って，それを調整するために「必要最小限の人権制約のみ」を認めるといった公共の福祉の考えのように，利益調整が必要となる。

　そして，その行為に該当する法律を知らないことは，法律違反をしたときの弁解にはならない（「法の不知はこれを許さず」）。法律は，国会で審議され可決・制定されるが，その国会議員を選挙で選んだのは主権者である国民であり，法の制定後は公布手続として官報や国のウェブサイト等で周知されている。刑法第38条第3項も，「法律を知らなかったとしても，そのことによって，罪を犯す意思がなかったとすることはできない」としている。身の回りのことは法と関係している。法があるからこそ社会が安定しているということを知っておこう。

（2）自然法則と社会規範

　自然法則とは，自然のルールであり，人は必ず死ぬこと，時は遡れないこと，万有引力の法則など，いつの時代でもどこの場所でも共通し，人間の力では変えることができないものである。それに対して社会規範は，人間が社会を住みやすくするために作り上げたルールである。時代や場所など，その社会の変化に応じて改正されていく。社会規範は，紛争をスムーズかつ平穏に解決できる

ように作り出されたものであり，法のほかにも，習俗，慣習，礼儀，道徳，校則，就業規則，宗教上の戒律など，さまざまなものがある。法と道徳は重なり合う部分も多い。社会は，個人を中心として，家族，学校関係，習い事関係，職場，宗教，市町村・都道府県，国，国際社会など，さまざまなものがある。その社会それぞれに守るべきルール（規範），違反に対する制裁があり，最も重い制裁はその社会から追い出されることである。たとえば，高校の校則違反では「退学」，会社の就業規則違反では「解雇」，宗教団体の戒律違反では「破門」，国の刑法違反では「死刑」といった具合である。

2　法の分類と機能

（1）成文法と不文法

　法はどのような形で存在するのか。日本では成文法が中心で，憲法，法律，命令，規則，条例と段階構造になっている。成文法とは「法の形で書かれたもの」，つまり制定法のことである。図1-1のように，三角形の頂点に位置する憲法は，国民の基本的人権や国家の統治機構などを定めた国の最高法規である。日本国憲法は，あらゆる法の中で最も上位に位置するので，その下に位置するすべての法律，命令，規則，条例は，憲法に反することはできない。このような性質を最高法規性といい，憲法の定めに反する法律等はすべて効力を有しない。

　図の2段目は，国会が制定する法律であり，国会（衆議院と参議院）において，過半数以上の賛成で可決される必要がある。3段目は，国が制定する命令や規則である。命令とは，法律の内容を補足するために国の行政機関が制定するもので，内閣が定めるものを政令，各省大臣が定めるものを省令と呼ぶ。規則とは，国会以外の国家機関が制定するもので，人事院規則や会計検査院規則，裁判所規則などがある。4段目は，地方公共団体（都道府県・市町村）が制定する条例や規則である。条例とは，地方公共団体の議会が制定するもので，ポイ捨て禁止条例，青少年保護育成条例など個々の地域の実情に合わせて制定され，4段目の規則は，都道府県知事や市町村長，各委員会が規定する。

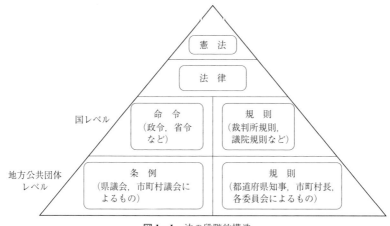

図1-1　法の段階的構造

出所：筆者作成。

　図には示していないが「条約」もある。条約とは，国家と国家，国家と国際機関の間で合意された法的拘束力のあるルールである。たとえば，日米安全保障条約は，日本とアメリカの間で国家間の安全保障について定めている。憲法第98条は，条約を誠実に遵守する必要性を明記しており，条約を憲法の上と下のどちらに位置づけるかで議論が分かれている。

　法律だけでは判断できない事案や法律に規定のない問題が生じた際には，判例法や慣習法，条理といった「不文法」が成文法源の瑕疵（ミスのこと）や空白を補充し，裁判の基準として使われることもある。「判例法」とは，裁判所，特に最高裁判所の判決が積み重なって，法としての効力を持つに至ったものをいう。同種の事件には同様の判決が下されるべきという価値判断から，最高裁判所の判決が先例として拘束力を持つようになり，法律の改正に結びつくこともある。法はその社会のその時代の価値観を表している。現行の民法や刑法は明治時代に制定されたものであり，制定当時に共有されていた価値観は現在の価値観にはそぐわないとして改正に至った条文が多くある。「慣習法」は，長期にわたりその地域に所属する構成員に受け入れられ遵守されることで法的機能を持つに至ったものであり，「条理」は物事の道理や筋道，社会通念をいう。

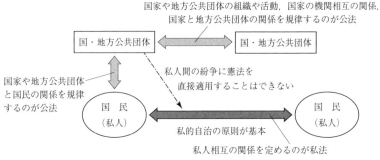

国家や地方公共団体の組織や活動，国家の機関相互の関係，
国家と地方公共団体の関係を規律するのが公法

国・地方公共団体 ⟷ 国・地方公共団体

国家や地方公共団体
と国民の関係を規律
するのが公法

私人間の紛争に憲法を
直接適用することはできない

国　民
（私人）

国　民
（私人）

私的自治の原則が基本

私人相互の関係を定めるのが私法

図 1 - 2　公法と私法の関係

出所：筆者作成。

（2）公法と私法

　法の分類の一つとして，公法と私法がある。「公法」とは，国家や地方公共
団体の組織や活動，国家の機関相互の関係，国家と地方公共団体の関係，国家
や地方公共団体と国民の関係についての法をいう。憲法，刑法，民事訴訟法，
刑事訴訟法，行政に関する各種の法律などが公法である。「私法」とは，私人
相互の関係を定める私人間の関係調整の法をいい，たとえば，民法，商法など
があり，私的自治の原則や契約自由の原則が基本となる（図 1 - 2 ）。

　近年の法律は明確に分類できるものばかりでなく，社会法という分類もある。
社会法は，社会的・経済的弱者の救済やすでに存在している不平等の実質的な
是正のために，国家が市民法原理に介入し修正する法領域をいう。たとえば，
社会福祉・社会保障に関する法分野や労働に関する法分野，経済に関する法分
野である。私法分野では私的自治の原則が基本となるといっても，実際の労働
の場面では，雇用主と労働者の間に経済力や情報量，組織力などの力の差があ
る。労働時間や賃金，休みなどの労働条件を労働者が交渉することができず，
雇用主の言いなりになると労働条件は劣悪化する。そこで国家が，各地域の最
低賃金，労働時間，残業手当の基準や時間数，労働災害の補償など最低基準を
取り決め，労働基準監督署が中心となってルールに従わない雇用主を取り締
まっている。

（3）法と法の関係および一般法と特別法

　成文法の間で相互に矛盾・抵触することを防ぐために，最高法規である憲法を頂点として上下関係がある。図1−1のように，憲法，法律，命令，規則という順に並んでおり，段階の異なる法の間で矛盾・抵触があれば，上位にある法が優先する。「上位の法が下位の法を破る」という。したがって，地方公共団体が作る条例は，国の法令に違反しないことが前提となっている。同じ段階にある法の間で矛盾・抵触があれば，時間的に後から制定された法が優先するのが原則となる。「新法は旧法に優先する」「後法は前法を破る」という。

　「特別法優先の原則」もある。「一般法」は，法の適用を受ける人や事項，場所，行為等が制限されていないもの，「特別法」は，これらが限定されるものであり，法の効力の範囲を基準として一般法と特別法という区別がある。複数の法の中で，同様の事項につき異なる規定がある場合には，特別法が一般法に優先する。たとえば，雇用契約に関しては，一般法である民法にも規定があるが，労働基準法や労働契約法などの特別法が優先する。民法の特別法は，商法，製造物責任法（PL法），借地借家法，消費者契約法，労働契約法など数多くある。商法は，民法の特別法であるが，商取引に関する法の一般法でもあるので，手形法，信託業法，保険業法といった特別法がある。刑法（国民一般の犯罪行為）と少年法（未成年者に限定），社会福祉法（社会福祉全般の共通的基本事項）と老人福祉法（老人に限定）など，一般法と特別法の関係にある法は多い。

（4）実体法と手続法

　実体法とは，権利・義務等の内容を規定した法のことで，民法，商法，刑法などでは，権利発生の要件と効果が規定されている。手続法とは，実体法の内容を実現するための手続規定のことで，刑事訴訟法や民事訴訟法などである。

（5）強行法規と任意法規

　強行法規（強行規定）とは，公序良俗に関する内容や社会秩序の維持のために適用される規定をいい，憲法，刑法，行政に関する法など，公法の大部分が強行法規である。私法の中では，身分，物権や会社の規定など第三者の利害に

関するもの，労働に関するものについては強行法規である。任意法規（任意規定）とは，当事者が合意して特約を付けるなど，当事者が法の規定と違う意思を持っている場合には適用されない規定をいい，私的自治が尊重される民法，商法などの私法の領域の大部分が任意法規である。

（6）法の機能

　法には3つの機能がある。①裁判規範は，裁判官が裁判の場で法的紛争を解決する基準，裁判に際して適用されるべき基準である。②行為規範は，人に対して一定の行為（不作為を含む）を命令・禁止するもので，その社会の構成員としての行動準則となる。③組織規範は，国や地方公共団体内部の組織や権限を定めるものである。

　たとえば，刑法第199条は，殺人行為の禁止規定としての行為規範であると同時に，裁判の際に刑の裁量に関する裁判規範の機能を持つ。同条で，「人を殺した者は，死刑又は無期若しくは5年以上の懲役に処する」と規定することで，国民に殺人行為をしないよう促している。殺害した人数，殺害に至った事情・動機，反省の程度や情状など，事件によって事情が異なるため，5年以上の懲役から死刑まで量刑に幅がある。裁判所では，これまでの事件をデータベース化しており，同種同等の事件では同程度の刑罰を科すようにしている。

3　法の基礎知識と法の解釈

（1）法律条文の構造

　多くの条文は，一定の条件を満たせば（要件），一定のことができる（効果）という形で規定されている。たとえば，刑法第199条では，「人を殺した者は」という要件に該当すると，「死刑又は無期若しくは5年以上の懲役に処する」という刑罰権が国家に発生する。民法第709条では，「故意又は過失によって他人の権利又は法律上保護される利益を侵害した者は」という要件に該当すると，「これによって生じた損害を賠償する責任を負う」という効果が発生する。

```
        ┌ 文理解釈 ┌ ① 勿論解釈
        │         │ ② 反対解釈
        │         │ ③ 拡張解釈
        └ 論理解釈 └ ④ 縮小解釈
```

法の解釈の一つとして，
「類推解釈」もある。

図1-3　法の解釈の種類

出所：筆者作成。

（2）法の解釈

　具体的な事件に法を適用するためには，法の規定を明らかにする必要がある。法の規定を通常の言葉の使われ方の通りに解釈することを文理解釈という。それに対して，法の目的や趣旨を踏まえ，結果の妥当性から解釈することを論理解釈という（図1-3）。法の目的や趣旨の考え方で結論が異なることがあり，立法者の意思を尊重する立場（立法者意思説・通説）と，その後の状況に応じて柔軟に対応する立場（法律意思説）がある。

　①「勿論解釈」は，法の規定はないが立法趣旨からするともちろんそう解釈するというもので，たとえば，民法の制限行為能力者制度では，認知症など精神障害を理由として，事理弁識能力（ある物事の実態やその考えられる結果などについて理解し，自ら有効な意思表示をする能力）の程度で分類しており，成年被後見人はこれを「欠く常況」（民法第7条），被保佐人はこれが「著しく不十分」（民法第11条），被補助人は「不十分」（民法第15条）な状態にある。民法第738条は，「成年被後見人が婚姻をするには，その成年後見人の同意を要しない」と規定する。「欠く常況」の成年被後見人でも，本心であれば後見人の同意なしに婚姻できるのであるから，被保佐人と被補助人は，法の規定がなくても，本心であれば後見人の同意がなくてももちろん婚姻ができる，という解釈をする。

　②「反対解釈」では，明文から除外されている以上，反対の効果が認められる。たとえば，憲法第89条は「公金その他の公の財産は，（中略）公の支配に属しない慈善，教育若しくは博愛の事業に対し，これを支出し，又はその利用に供してはならない」と規定する（下線筆者）。とすると，公の支配に属する慈善・教育・博愛の事業に対しては公金を支出してもよいと解釈できる。

　③「拡張解釈」は，法の規定を本来の言葉の意味内容より広く解釈する。たとえば，刑法第175条のわいせつ物頒布等の「陳列」は，日常的な言葉として

は「目の前に並べる」という意味だが，判例は「映画の上映もこれにあたる」として広く解釈する（最大決1958年9月5日）。④「縮小解釈」は，法の規定を本来の言葉の意味内容より狭く解釈する。たとえば，刑法第235条は，窃盗罪が成立する構成要件として財物の窃取を規定するが，判例は「その価値が極めて微小であって刑法上の保護に値しないと認められる場合は本条にいう財物に当たらない」とする（東京高判1970年4月6日）。

　さらに，「類推解釈」という解釈もある。規定が存在しないと思われる事柄について，類似の事柄について規定する他の法の規定の趣旨から類推して同じ取扱いをする。たとえば，他人の生命を侵害した者に対して慰謝料請求できる者について，民法第711条は「被害者の父母，配偶者及び子」と規定するが，判例は，「本条所定の者と同視できる身分関係が存在し，被害者の死亡により甚大な精神的苦痛を受けた者」に類推適用し，内縁の妻の慰謝料請求を認めた（最判1974年12月17日）。また，民法第709条は，不法行為の成立要件と損害賠償責任を規定するが，損害賠償の範囲は規定していない。どこかで損害賠償の範囲を線引きして，無限に責任を取らなくて済むようにすべきである。そこで，民法第416条第1項の債務不履行に対する損害賠償に関する「通常生ずべき損害」という規定を参考に損害賠償の範囲を定めている。ただし，罪刑法定主義（罪と刑罰はあらかじめ明確に法の形で定めておく必要があるという原則）の原理から，明確に定められる必要がある刑罰法令では類推解釈が禁止されている。刑法の機能によって個人や社会の法益が保障され，国民はそれ以外の自由が保障されているから，国民の予測を裏切ることがないようにするためである。

4　裁判制度

（1）裁判所の種類と扱う事件

　第一審（事実審），第二審（控訴審），第三審（上告審）と最大3回の審理を受けることができる（三審制）（図1-4）。

　最高裁判所は，憲法によって設置された唯一かつ最高の裁判所であり，大法廷（15人の合議制）と3つの小法廷（各5人の合議制）で審理される。最高裁判

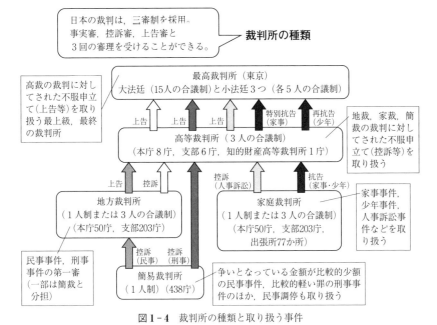

図1-4　裁判所の種類と取り扱う事件

出所：最高裁判所事務総局（2020）「裁判所NAVI」（https://www.courts.go.jp/vc-files/courts/2020/R2_navi.pdf　2023年5月29日閲覧）をもとに筆者作成。

所には司法裁判権と司法行政権があり，裁判所の運営を自主的に行っている。高等裁判所では原則3人の合議制で審理される。地方裁判所は原則的な第一審裁判所であり，ほとんどの事件は単独の裁判官によって審理される。裁判員裁判は，裁判官3人，裁判員6人の合議制で審理され，殺人や強盗致死傷，傷害致死など，被害者が死亡したケースなどの重大な刑事事件を扱う。

　家庭裁判所は，夫婦や親子関係など家庭に関する事件の調停や審判，非行少年の事件の審判などの権限を有し，まずは非公開の手続で情理を踏まえた解決を図っている。事実の調査や調整のために，専門的な知識や技術を持った調査官が配置されている。また，国際的な子の奪取の民事上の側面に関する条約の実施に関する法律（いわゆるハーグ条約実施法）の成立により，ハーグ条約が2014（平成26）年4月に日本で発効した。16歳未満の子が国境を越えて不法に日本へ連れ去られた場合などにおける子の返還に関する紛争について，東京家

表 1 - 1　裁判所が扱う事件の種類と概要

民事事件	金銭の貸し借りなど，個人間の紛争や企業間の紛争など。
・労働審判手続	解雇や賃金の不払いなど個別労働紛争など（非公開）。
・支払督促手続	申立てに基づき，簡易裁判所の裁判所書記官が金銭の支払いを命じる手続。
・民事執行手続	判決等の内容の実現を図るため，強制的に相手の財産から満足を得る手続。
・倒産手続	事実上返済不能となったときに生活・経営の再生を図る手続。個人の破産手続と会社の民事再生手続がある。
・保護命令手続	配偶者からの暴力によって生命または身体に重大な危害を受けるおそれが大きい場合に，配偶者からの保護を目的とする手続。
行政事件	国や地方公共団体が行った行為に不服がある場合など。
刑事事件	罪を犯したと疑われる人（被告人）の有罪無罪を判断し，刑を言い渡す手続。一部の重大な刑事事件は，国民が裁判員となって裁判に参加する。
家事事件	離婚や相続など，夫婦や親子関係などの紛争など。家事審判・家事調停・人事訴訟がある。
少年事件	罪を犯したと疑われる非行少年について，再非行防止のために最も適した措置を決めるための手続。少年審判と呼ばれる。
医療観察事件	心神喪失または心神耗弱の状態で殺人，放火等の重大な他害行為を行った者について，医療観察法による処遇の要否などを決める。

出所：裁判所ウェブサイト「裁判所が扱う事件」（https://www.courts.go.jp/saiban/syurui/index.html 2023年5月28日閲覧）をもとに筆者作成。

庭裁判所と大阪家庭裁判所が扱っている。

　簡易裁判所では，訴訟価額が140万円以下の請求に関する民事事件と，罰金以下の刑にあたる罪，窃盗・横領などの比較的軽い罪の刑事事件を取り扱う。少額訴訟手続（60万円以下の金銭の支払い請求）では，被告に異議がなければ，原則として1回の期日で審理を終え，すぐに判決を言い渡す。支払督促手続は，債権者の申立てに基づいて，裁判所書記官が書類審査のみで金銭の支払いを命じる制度で，確定すると判決と同様の効力が生じる。債務者が異議を申し立てた場合は，請求額に応じて地方裁判所または簡易裁判所の民事訴訟の手続に移行する。

（2）裁判所における紛争解決と効果

　民事事件では，裁判所で当事者の言い分を聞き，証拠を調べ，裁判官が「判

決」を言い渡すことで紛争の解決を図る。判決により権利義務関係が一応明確になり執行力がある一方，勝訴しても必ず権利が実現するとは限らず，当事者に控訴・上告されて紛争が長期化することもある。審理の途中で，裁判官の勧告で，当事者が譲り合って「和解」が成立することもある。和解調書には判決と同様の効力があり，事案に即した解決を双方が納得した内容で実現できるため，履行が期待でき早期解決ができる。民事調停は，裁判所の調停委員会のあっせんにより，非公開の場で話し合うことで紛争の円満な解決を図る制度で，当事者双方の言い分を聞いて合意を目指す。調停でまとまった内容（調停調書）には判決と同様の効力があり，強制執行が可能となる。

　裁判所は，裁判を通じて，個別の紛争を処理していくことで，判例を蓄積し，規範を形成していく。最高裁判所の判例には先例拘束力があり，以降の裁判所の判断に影響を与え，法改正の必要が生じるなどの効果がある。

注

(1)　裁判所の判決は，一般的に最大判昭和53年10月４日（マクリーン事件），東京高判昭和45年４月６日など，「裁判所の所在地」「裁判所名（地方裁判所，高等裁判所，最高裁判所）」「最高裁判所の場合は大法廷か小法廷か」「裁判の種類（判決・決定・命令）」「年月日（公文書は元号を使用するのが基本）」の順に表記する。さらに判例時報，民事判例集などその判例が掲載されている判例集の情報（巻号頁）が続くこともある。なお，最高裁判所の大法廷で審理されるのは憲法の合憲性が問題となるときである。判例の調べ方については「国立国会図書館の調べ方案内」（https://rnavi.ndl.go.jp/jp/guides/hanrei.html　2023年５月29日閲覧）が参考になる。

参考文献

外務省領事局ハーグ条約室「ハーグ条約の実施状況」（https://www.mofa.go.jp/mofaj/files/100012143.pdf　2023年５月29日閲覧）。

裁判所ウェブサイト（https://www.courts.go.jp/　2023年５月28日閲覧）より「裁判所の仕事」「裁判所ナビ」「法廷ガイド」「家庭裁判所のあらまし」など。

谷口真由美編著（2018）『資料で考える憲法』法律文化社，１〜８頁。

一問一答　　　　　　　○か×か，答えてみよう。解答は213頁を参照。

---

1. 社会規範の代表が法であり，法とそれ以外の社会規範の違いは，国家権力による強制力を伴っているか否かである。　　　　　　　　　　　　（　　）

2. 憲法と法律で，同様の項目を規定していて，その内容が異なった場合，後から制定された法が優先する。　　　　　　　　　　　　　　　　　　（　　）

3. 個人相互の関係について定めた民法には，私的自治の原則が基本となり，強行的に適用される規定はまったくない。　　　　　　　　　　　　　（　　）

4. 制定法の存在しない分野では，裁判の基準として，判例法や慣習法，条理が用いられることもある。　　　　　　　　　　　　　　　　　　　（　　）

5. 刑法の分野でも類推解釈が認められている。　　　　　　　　　（　　）

第2章

ソーシャルワーカーはなぜ法を学ばねばならないのか

　ソーシャルワーカーが，憲法や各種法律を学ばねばならない理由はいくつも存在する。直接取り扱うことになるさまざまな福祉サービスは，その土台に，社会福祉法を中心とした各種社会福祉関係法が存在し，サービスの給付に直結している。しかも，現代では，国民が抱える生活課題の問題は，多重化かつ深刻化しており，社会福祉関係法のみならず，私たちの生活の基盤である憲法や民法，行政法などの正確な知識がなければ，当然対応は困難になる。ここでは，それらの理由を一つひとつ，具体的に解説する。

1　国家資格取得者としての法的責任

（1）アドボケーターとしてのソーシャルワーカー

　ソーシャルワーカーは，その役割の中心にアドボカシーがある。このためソーシャルワーカーはアドボケーター，すなわち「代弁者」あるいは「権利擁護する人」とも呼ばれる。

　社会的に弱い立場にある人たちが，何らかの要因により，基本的人権を侵害されたり，不法行為等によって命や生活，財産などが脅かされるような事態に陥ることがないように権利擁護を実践していくためには，基本的人権を規定している憲法をはじめ，社会福祉に関する法律や関連する法を正しく理解しておくことが大前提となる。

（2）「社会福祉士及び介護福祉士法」における規定

　社会福祉士は，わが国においてソーシャルワーカーを代表する国家資格である。その資格は「社会福祉士及び介護福祉士法」によって以下のように規定されている。社会福祉士が国家資格である限り，この法律の内容を熟知し，その内容に則って業務を遂行する義務がある。特に，第50条からは罰則規定があることに注意を払う必要がある。

　　①　第1章　第2条（定義）
　「この法律において『社会福祉士』とは，第28条の登録を受け，社会福祉士の名称を用いて，専門的知識及び技術をもつて，身体上若しくは精神上の障害があること又は環境上の理由により日常生活を営むのに支障がある者の福祉に関する相談に応じ，助言，指導，福祉サービスを提供する者又は医師その他の保健医療サービスを提供する者その他の関係者（中略）との連絡及び調整その他の援助を行うこと（中略）を業とする者をいう」。「専門的知識」の柱となる知識が「各種法律等」である。
　　②　第4章　第44条の2（誠実義務）
　「社会福祉士及び介護福祉士は，その担当する者が個人の尊厳を保持し，自立した日常生活を営むことができるよう，常にその者の立場に立つて，誠実にその業務を行わなければならない」。
　　③　第4章　第45条（信用失墜行為の禁止）
　「社会福祉士又は介護福祉士は，社会福祉士又は介護福祉士の信用を傷つけるような行為をしてはならない」。
　　④　第4章　第46条（秘密保持義務）
　社会福祉士は以下の通りに「秘密保持義務」を課せられており，これに違反した者には，第50条において，罰則（「第46条の規定に違反した者は，1年以下の懲役又は30万円以下の罰金に処する」）が定められている。「社会福祉士又は介護福祉士は，正当な理由がなく，その業務に関して知り得た人の秘密を漏らしてはならない。社会福祉士又は介護福祉士でなくなつた後においても，同様とする」。
　　⑤　第4章　第47条（連携）
　「社会福祉士は，その業務を行うに当たつては，その担当する者に，福祉サービス及びこれに関連する保健医療サービスその他のサービス（中略）が総合的かつ適切に提供されるよう，地域に即した創意と工夫を行いつつ，福祉サービス関係者等との連携を保たなければならない」。
　　⑥　第4章　第47条の2（資質向上の責務）
　「社会福祉士又は介護福祉士は，社会福祉及び介護を取り巻く環境の変化による

業務の内容の変化に適応するため，相談援助又は介護等に関する知識及び技能の向上に努めなければならない」。「相談援助又は介護等に関する知識」には，「社会福祉に関連する各種法律」が含まれる。

⑦　第 5 章　第50～56条（罰則）

前述したように，第46条には社会福祉士の「秘密保持義務」が規定されており，違反者には罰則が定められている。さらに，第48条の「名称の使用制限」に違反した者には，「30万円以下の罰金」が科せられるなどの罰則がある。

2　社会福祉制度の理解

　前述したように社会的に弱い立場にある人がさらに人権侵害を受けることのないように権利擁護を担うことが，ソーシャルワーカーの大きな役割である。そのため，高齢者，障害者，児童に対する虐待を防止するための各法律などへの理解が必要である。さらに詐欺・脅迫などによる被害にあわないためにも消費者保護法制や「クーリングオフ」制度（訪問販売などで，購入の契約をした消費者が一定期間に限り，無条件で契約の解除等ができる制度）を知っておかねばならない。

　また，わが国における福祉サービスを規定するものとして，社会福祉法を中心とした社会福祉関係法の理解が不可欠である。そのため，生活保護法，児童福祉法，母子及び父子並びに寡婦福祉法，老人福祉法，身体障害者福祉法，知的障害者福祉法のいわゆる福祉六法のみならず，介護保険法，障害者の日常生活及び社会生活を総合的に支援するための法律（障害者総合支援法）等を正しく理解しておく必要がある。

　さらに，1990年代後半からわが国では社会福祉基礎構造改革が行われ，社会福祉制度は「措置」から「契約」へと移行した。それらによってサービス利用者は，自己決定・自己選択が原則となった。それでは，さまざまな理由により判断能力が低下し，自己決定・自己選択ができにくいために福祉サービスが必要となっている人々は，どのようにすればサービスが受けられるのか。そのようなクライエントの法的な権利を擁護するために，2000（平成12）年に改称さ

れ，法律の内容も改正された社会福祉法では，第8章「福祉サービスの適切な利用」として，サービス提供側に「情報提供や申し込み時の説明」「サービスの自己評価」「苦情解決」などの責任を課している。これらの正しい知識もソーシャルワーカーには必要である。

　権利擁護のために実際に運用されている成年後見制度・日常生活自立支援事業については第14〜17章，社会福祉法改正については第7章，意思決定支援については第9章を参照してほしい。

3　相談援助場面でクライエントが直面する問題への対処

　社会福祉士等が支援を行うべきクライエントは，多くの生活場面において危機にさらされやすい存在だといえる。例を挙げると，以下のようなさまざまなケースが存在し，それぞれの支援や対応において法律の専門知識が求められる。

- 詐欺・脅迫等の消費者被害：消費者保護に関する法制（消費者契約法，特定商取引法等）および成年後見制度，日常生活自立支援事業等の知識
- 住宅に関する問題（借家保障，ゴミ屋敷など）
- 不服申立て：行政法（行政不服審査法，行政訴訟法等）の知識
- 専門職による不法行為と損害賠償請求：民法（第709条等）の知識
- 相続・遺贈・遺言：民法
- 婚姻・養子縁組：民法
- 虐待：虐待防止法（「高齢者虐待の防止，高齢者の養護者に対する支援等に関する法律」「児童虐待の防止等に関する法律」「障害者虐待の防止，障害者の養護者に対する支援等に関する法律」）および成年後見制度，未成年後見制度等の知識

　ここでは，これらの中から特に詐欺・脅迫等の消費者被害，不服申立て，虐待について取り上げ，解説する。

（1）詐欺・脅迫等の消費者被害

　わが国の民法には「権利能力平等の原則」や「私的自治の原則」などがある。
　前者は，「すべての人は，国籍，身分，職業，年齢，性別によって差別されず，ひとしく権利義務の主体となる資格を持つ」とする原則であり，後者は，

「個人は他者からの干渉を受けずに，自分の意思に基づいて生活を送ることができ，また国家はこれを保護し，尊重しなければならない」という原則である。

　ところが，実際の消費者と事業者との関係において，当然のことであるが消費者側は事業者側と比べると商品に関する情報量や交渉力において，多くの場合かなりの差がある。そのために，たとえば，在宅で生活する高齢者が，常識から逸脱した高価な「羽毛布団」などを事業者の訪問販売によって購入させられるといった深刻な消費者被害のケースは後を絶たない。

　契約における弱い立場にある消費者側がこのような権利侵害等の被害にあわないために，前述した消費者契約法等の消費者保護法制が存在する。ソーシャルワーカーは，消費者であるクライエントを保護するためにも，消費者保護法制や「クーリングオフ」などの制度を正しく理解し，対応できるよう努めなければならない。

（2）不服申立て

　行政法に関しては第5章で詳しく解説するが，そもそも，行政は強い力を持っている存在である。一例を挙げると，すべての行政行為は，法律に違反してはならない（法律による行政の原理）のであるが，仮に行政庁が法に違反した行為を行ったとしても，権限を持つ機関がこれを取り消さない限り，適法とされ，行為を受ける国民らを拘束する効力を持つ。これを行政の「公定力」という。

　しかし，実際の行政行為において，その行為が国民の財産等を侵害することはこれまでもたびたび起きてきた。国民がこのような場合の行政行為を取り消し，その効力を消滅させるためには，「行政不服申立て」と「取消訴訟」の2つの方法があり，ここでいう「不服申立て」とは前者を指す。たとえば，介護保険における要介護認定の結果に本人や家族が納得いかない場合，認定が下りてから60日以内に，市町村の介護保険担当課に審査請求の申請を行う必要がある。この場合，不服申立てができる人は本人およびその家族のみであるが，委任状の作成により代理人が審査請求を行うこともできる。

（3）虐　待

　虐待の件数は，児童だけでなく，障害者や高齢者に関しても増加傾向は続いており，それぞれに死亡事例も報告されるなど，深刻さは軽減されない状況にある。

　これに対して，法の整備としては，まず，2000（平成12）年5月，「児童虐待の防止等に関する法律」，2006（平成18）年には「高齢者虐待の防止，高齢者の養護者に対する支援等に関する法律」，さらに2012（平成24）年10月には「障害者虐待の防止，障害者の養護者に対する支援等に関する法律」が施行されている。

　各々の分野における虐待問題では，専門職によるものと家族によるものが存在するが，虐待への対応は，加害者の確定や追及，処罰ではなく，当事者と養護者双方への支援が不可欠である。すなわち，虐待の被害者である当事者が，虐待を受けることによりパワーレスに陥っている状態をエンパワメントすることによって，生活者としての主体性を取り戻すこととを第一とすべきである。同時に養護者も何らかの要因によりストレス等を抱え，そのためにパワーレスに陥っているからこそ虐待といわれる行為に及ばざるを得なくなっている存在であることを，見逃してはならない（たとえば，経済的困窮のため福祉サービス等が利用できない場合，地域やあらゆる人間関係から孤立してしまい，誰にも相談することができない等）。双方の環境を少しでも整え，エンパワメントすることで，ようやく虐待を未然に防ぐことや，それ以上の進行を止めることが可能になる。

　　一問一答　　　　　　　　　　　○か×か，答えてみよう。解答は213頁を参照。

1．「社会福祉士及び介護福祉士法」には，いくつかの義務規定があり，罰則も定められている。　　　　　　　　　　　　　　　　　　　　　　　　（　　）

2．「クーリングオフ」とは，事業者を保護する制度で，事業者は一方的に契約の解除ができるようになっている。　　　　　　　　　　　　　　　（　　）

3．介護保険における介護認定に関する不服申立ては，家族と本人のみが可能で，社会福祉士が行うことはできない。　　　　　　　　　　　　　　（　　）

第Ⅱ部

ソーシャルワークと法の関わり

第3章

憲　法

　法律は国内外の状況や現実に合わせて随時改正されるべきものであるのに対して，憲法は恒久的な価値を示し，その国の理想を掲げるものである。日本国憲法は基本的人権の保障と平和の保障を目的とする。人権は不可侵かつ永久のものであり（憲法前文，第11条，第97条，第3章），そもそも平和でなければ人権の保障も成り立たないから，人権と平和を保障するために統治機構として権力分立を採用し，権力の濫用を防止する仕組みを取り入れている。

1　憲法の概要

（1）近代憲法の3つの特徴
　近代憲法には，授権規範性，制限規範性，最高法規性という3つの特徴がある。国家の権限は国家に当然に備わっているものではなく，憲法が与えたものであり（憲法の授権規範性），憲法が定めた以外の権限は国家に与えられない（憲法の制限規範性）。そして，憲法は国家機関が制定するあらゆる法の中で最も上位に位置し，その下に位置するすべての法律，命令，規則，条例は憲法に反することはできない（憲法の最高法規性）。

（2）立憲主義と民主主義および権力分立
　憲法は，国家権力を制限し，国民の権利や自由を守るためにある。国民の権利や自由を保障するため，権力者の行為をすべて憲法に基づかせるという考え方を立憲主義といい，近代憲法はすべて立憲主義に基づいて作られているとい

える（立憲的意味の憲法）。立憲的意味の憲法には，人権保障と権力分立の定めが必要である。権力分立は，国民の権利や自由を守るために，国家の機能を立法・行政・司法の3つに分け，それぞれ担当する機関を独立させ，互いに抑制と均衡を図るというものである。日本では，国会が立法権，内閣が行政権，裁判所が司法権を有し，それぞれが互いに人事面や法律面で抑制と均衡を図っている。立憲主義のもとでは，国民の権利や自由を保障することが目的であるから，意思決定の方法自体はさまざまな制約から多数決で行うにしても，少数の意見も尊重したうえで，意見を述べる機会を保障し，互いに納得できる案を模索する努力を忘れてはならない。

（3）国民とは

　憲法第3章の表題が「国民の権利及び義務」とあることからも，基本的人権の享有主体は日本国民である。日本国民とは，日本国籍を取得している人を意味し，人種・民族，言語能力とは一切関係がない。国民の概念としては，①国家構成員としての国民，②主権の主体としての国民（国の政治の在り方を最終的に決定する力または権威の主体），③国家機関としての国民（有権者の組織体）の3つの意味がある。憲法の人権享有主体といったときの国民は①の国家構成員としての国民を指し，国民主権といったときの国民は②の主権の主体としての国民を指す。選挙の際の「国民の総意」といったときの国民は③の国家機関としての国民を指す。

　憲法第10条は「日本国民たる要件は，法律でこれを定める」と規定し，国籍法に定めがある。国籍取得の方法は，出生による場合と帰化による場合がある。現在の日本は，出生による国籍取得を原則とし，父か母のどちらかが日本国民であればその子に日本国籍を付与するという父母両系血統主義を採用し，父母がともに知れないときまたは国籍を有しないときは，例外として出生地主義を採用する（国籍法第2条）。また，帰化による国籍の取得は，一定の要件を満たした外国人の申請に対して法務大臣の許可によってなされる（国籍法第4〜10条）。アメリカなど，出生地主義を原則としている国もあり，出生の場所によっては二重に国籍を取得することもある。その場合は，成人してから2年以

内に本人が国籍を選択する（国籍法第14条）。

（4）憲法の人権享有主体性

①　外国人の人権

　日本に滞在する外国人も，人である以上生まれながらにして当然に持っている権利がある。最高裁判所も「基本的人権の保障は，権利の性質上日本国民のみを対象としていると解されるものを除き，わが国に在留する外国人に対しても等しく及ぶものと解すべき」とする（マクリーン事件・最大判1978年10月4日）。したがって，一定の制限はあるものの，外国人にも精神的自由権や経済的自由権，人身の自由などが認められる。しかし，生存権などの社会権は原則として当人の所属する国家に請求すべきものとされるほか，入国の自由は，安全保障の観点から国際法上もその国の専権事項であるとみなされている。

　参政権には，選挙権・被選挙権，公務就任権が含まれる。国政選挙権は，国民が直接・間接に国政に参加する権利であるから，国民主権の原理から日本国民に限定される（通説・判例）。しかし定住外国人の地方選挙権は，憲法上保障するものではないが，日本社会に生活の本拠を持ち，その生活実態において日本国民と変わらず，その地方公共団体で密接な関わりを持つようになった外国人に，法律で選挙権を与えることを憲法上禁止しておらず，そのような法律を定めるか否かは国会の裁量であるとする（定住外国人地方参政権事件・最判1995年2月28日）。なお，いまだ定住外国人に地方選挙権を付与する法律はない。また，公務就任権については，「公権力の行使又は国家意思の形成への参画に携わる公務員」は日本国民限定とし，それ以外の単なる定型的な職務に従事する官職は外国人を任用することもできる（東京都管理職試験事件・最大判2005年1月26日）。したがって，国会議員，裁判所職員，外交官や自衛官といった国家意思の形成に携わる国家公務員や，警察官，消防官など公権力の行使にあたる地方公務員に外国人がなることはできない。

②　法人の人権

　法人とは，法が便宜上作り出した人（法が擬制した人）をいい，法の定める手続に従って設立される必要がある（法人法定主義・民法第33条）。法人は，自然人

以外で，法律上の権利義務の主体となることができるもので，一定の目的のもとに結合した集団あるいは財産についてその資格が認められている。法人の活動は自然人を通じて行われ，その効果は究極的に自然人に帰属するし，法人は現代社会において一個の社会的実体として重要な活動を行っているので，法人にも性質上可能な限り人権が認められる（八幡製鉄政治献金事件・最大判1970年6月24日）。法人には，社団法人，財団法人，営利法人，公益法人，学校法人，宗教法人，特定非営利活動法人（NPO 法人）などがあり，国や地方公共団体も法人の一種である。

　③　未成年者の人権

　未成年者も日本国民であり，人権は当然に認められる。しかし，人権の性質によってはその社会の成員を対象とするものもあり，それに至らない人間に対しては制限が加えられることもある。未成年者に対しては，国親思想（詳細は後述）に基づき，保障される人権の性質に従って，未成年者の発達段階に応じて，心身の健全な発達を図るための必要最小限度の制約（限定的なパターナリスティックな制約）が憲法上許されると解されている。

　④　公務員の人権

　公務員は「全体の奉仕者」である（第15条第2項）。これは，公務員が仕事をするのは全国民のためであって，特定の個人や利益団体のためではないという職務理念や心構えが書かれているにすぎない。公務員は，憲法を守る側の人間であるが，同時に一人の市民でもあり，自分の人権も保障される立場にある。公務員の人権で問題となるのは，主に政治活動の自由と労働基本権に対する制限であり，公務員はその地位の特殊性および職務の公共性から労働基本権が制限されることもやむを得ないとする（全農林警職法事件・最大判1973年4月25日）。

　⑤　天皇・皇族の人権

　天皇は日本の象徴という特殊な地位にある。天皇・皇族には戸籍もなく，皇室典範という特別法によって世襲が認められ，男系男子のみが皇統を継ぐことが認められるなど特別の存在である。天皇・皇族も人間であることに基づいて認められる権利は保障されるが，皇位の世襲と職務の特殊性から必要最小限の特例が認められている。天皇は内閣の助言と承認に基づき国事行為を行い（第

7条），政治的な発言をすることは象徴天皇という立場からは認められていない。

（5）憲法の私人間効力

　かつては，人権を侵害する国家に対して，対抗手段として人権を主張するという性質のものであり，私人と私人の間の問題は，自分たちで解決するべきとされてきた（私的自治の原則）。しかし，現代社会では，人権を侵害するのは国家に限らない。マスメディアや企業などは私人ではあるが，経済力・資本力・組織力・情報力などの社会的な権力を持ち，私人一人で立ち向かうのはとても難しい。そこで，人権はすべての法領域で適用されるべきであり，私人と私人の間のもめ事にも憲法の理念や効力を及ぼすべきではないかと考えられるようになった（私人間効力の問題）。最高裁判所も，本来的には人権は対国家的なものであるから，私人と私人の間のもめ事に憲法を直接適用することはできないが，私法の一般条項（民法第1条：公共の福祉，信義則，権利濫用の禁止，第90条：公序良俗，第709条：不法行為）を用いて，憲法の理念や趣旨を間接的に解釈・適用して人権を守るというやり方（間接適用説）を採用した（三菱樹脂事件・最大判1973年12月12日）。

（6）日本国憲法の三大原理

①　国民主権

　憲法を制定して国家権力の濫用を防止し，国家統治を行うのは国民である。国民が国家統治の最高の地位にあり，国政の最終決定権を持つ。あらゆる国家の行為はこのことによって正当化される。つまり正当性の根拠は国民にあるのであり，法律は国民の代表者の作ったものだから「正しい」といえる。とはいえ，多数決で決定された法律が少数者の人権を侵害することもあり，場合によっては，裁判所が違憲で無効と判断することもある。

②　基本的人権の尊重

　基本的人権は国家や憲法ができる前からある前国家的・前憲法的な人権であり（第11条），人が人として最大限に尊重され，その自由と権利を保障するため

に，憲法が存在する。

③ 平和主義

そもそも安全で平和な状態でなければ権利や自由は享受できないし，他者による威嚇や脅威がある状態では自由に行動することができない。憲法第9条の第1項で，「国権の発動たる戦争と，武力による威嚇又は武力の行使は，国際紛争を解決する手段としては，永久にこれを放棄する」と規定する。また第2項で，第1項の目的達成のための戦力の不保持を表明し，国の交戦権を否認していることから，他国に比べて平和主義をいっそう徹底させているといえる。

（7）個人の尊重

憲法第13条は「すべて国民は，個人として尊重される」と規定する。この条文が憲法の根幹であり，一人ひとりをかけがえのない個人として最大限尊重する。人と人の間には価値の上下はなくすべて平等であり，個人を尊重するために自律的な個人の自由と人権の保障が必要不可欠となる。したがって，個人の人権を保障することが目的であり，その手段として民主主義，権力分立などを採用しているにすぎない。手段を守るために目的が蔑ろになるようなこと，たとえば民主主義を守るために国民の権利を制限するといったことはあってはならない。

（8）法の支配（rule of law）と日本国憲法における表れ

英米法系を中心に発展してきた法の支配の考え方は次の4つである。①国家権力の行為はすべて法に基づいている必要がある。②その法の内容は正しいものでなければならない（法の内容の正しさ）。③法を適用する際の手続も正しいものでなければならない（適正な手続）。④裁判所が法の内容や手続の正しさをチェックする（違憲審査制）。日本国憲法における法の支配の表れとして，憲法の最高法規性（第97〜99条），基本的人権の尊重（第11〜12条ほか），適正手続の保障（第31条），司法権・裁判所の役割重視（第81条：違憲審査権）がある。

2　基本的人権

（1）人権の分類

　憲法第3章は「国民の権利及び義務」を規定し（第10～40条），権利は包括的基本権，法の下の平等，自由権，参政権，社会権，国務請求権（受益権）に分類される。自由権は，国家の介入・干渉を排除する権利をいい，国家からの自由をいう。参政権は，市民自らが政治に参加していく権利をいい，国家への自由をいう。社会権とは，経済的・社会的な弱者を救済するために国家の積極的な施策・行為を要求する権利をいい，国家による自由をいう。社会権は，資本主義の高度化に伴って生じた失業・貧困・労働条件の悪化などから社会的・経済的弱者を守り，人間に値する生活を営むことができるようにするために保障されるようになった20世紀的な現代の人権である。国務請求権（受益権）は，請願権，裁判を受ける権利，国家賠償請求権，刑事補償請求権など，国家に対して一定の作為を請求する権利をいう。

　国民それぞれに自由な意見表明と自由な討論を保障し，民主主義を機能させることが重要であるから，国家が精神的自由権，特に表現の自由（第21条）を制限するのは望ましくない。国家による言論統制などがなされないよう，国民が国の動向を監視する必要がある。また，「健康で文化的な最低限度の生活」が保障されなければ（第25条：生存権），個人として尊重（第13条）されているとはいえず，生存権の保障は自由権を保障するための基礎であるといえる。

（2）新しい人権

　憲法第13条は個人の尊重と幸福追求権について規定し，「新しい人権」の具体的な根拠規定になる（通説・判例）。憲法の人権規定は，憲法制定当時に特に重要と考えられたものを例示したにすぎず，憲法に規定のない人権は一切保障しないとかそれ以外を否定するという趣旨ではない。人権も時代とともに変化し，現代社会で人が個人としてのびのびと生きていくために，新たな人権を認める必要が生じている。また憲法自体も新たな人権の存在を予想し，憲法制定

表3-1 人権の分類

包括的基本権		13条（個人の尊重・幸福追求権）
法の下の平等		14条（平等権・平等原則）
自由権 国家からの 自由	精神的自由権	19条（思想・良心の自由），20条（信教の自由）， 21条（集会・結社・表現の自由），23条（学問の自由）
	経済的自由権	22条（職業選択の自由，居住移転の自由，国籍離脱の自由）， 29条（財産権）
	人身の自由	18条（奴隷的拘束・苦役からの自由），31条（適正手続の保障），33〜39条（被疑者・被告人の権利）
参政権		15条（選挙権・被選挙権）　　　　　　　　　国家への自由
社会権		25条（生存権），26条（教育を受ける権利）， 27条（勤労の権利義務）・28条（勤労者の団結権）　国家による自由
国務請求権 （受益権）		16条（請願権），17条（国家賠償請求権）⇒国家賠償法の制定へ 32条（裁判を受ける権利），40条（刑事補償請求権）

出所：筆者作成。

　当時には考えられなかったような新しい人権侵害の態様に対応するため，人格的生存に必要不可欠な権利・自由を包摂する包括的な権利として，第13条で「新しい人権」を保障した。憲法に個別に規定のあるものはその条文で対応すればよく，個別の人権規定がないものをカバーする機能を果たすことに第13条の意義がある。「新しい人権」としては，プライバシー権，環境権，人格権，自己決定権などがある。

（3）基本的人権の限界

　すべての価値は個人に由来し，個人の尊重が憲法の根本的な価値観である。人権は最大限尊重されなければならず，国家や社会のためという理由で一方的に個人の人権を制限することは許されない。しかし，国民全員が自分の権利ばかり主張したのでは社会が成り立たないし，他人の権利や自由を奪ってまでその行使が認められるものでもなく，まったくの無制約というわけにはいかない。ある人の人権を守るために一方あるいは両者の人権が制約されることもある。そこで，人権と人権が衝突した場合に限ってそれを調整するために，実質的な

コラム　憲法改正

　憲法が1947（昭和22）年5月3日に施行されてから75年以上が経過した。憲法は，国民自らが定めた国家の基本法（最高法規）であり，個人の尊重とその前提としての平和をその主な目的とする。憲法前文に「日本国民は，国家の名誉にかけ，全力をあげてこの崇高な理想と目的を達成することを誓ふ」とあるように，国民自らが憲法を守ることが重要である。そして，国民の代表者である国会議員ら公務員は，憲法尊重擁護義務（第99条）を負う。

　しかし長期にわたって政権与党を務めてきた自由民主党の綱領等には，党の「党是」として憲法改正・自主憲法制定が明記されている。憲法施行70周年を機に，当時の総理大臣は，「日本国憲法は改正手続（第96条）が厳しすぎるから，国会発議の要件を3分の2から2分の1（過半数）に減らすべき」と主張した。大日本帝国憲法の改正手続も3分の2であったし，諸外国の憲法と比較してもさほど厳格であるともいえない。世界の憲法の大部分が改正手続の厳格な硬性憲法であり，これは憲法を制定して権力者を縛り，国民の権利や自由を守るという立憲主義の考え方に基づいたものである。改正手続が厳しすぎるから憲法改正ができないのではなく，憲法改正についての十分な議論と国民の理解が得られていないから改正の機運が高まらないだけであろう。

　憲法改憲論者の中には，日本国憲法は，アメリカを中心とした連合国によって押し付けられた憲法だから，新しい憲法を作るべきだとか，70年以上一度も改正されていないのはおかしいと主張する人もいる。確かに手続的には押し付けられたといってよいかもしれないが，内容的には世界的に見ても先進的であり，男女平等など女性の権利にも注目する画期的な内容であった。プライバシーや肖像権など，憲法が当初想定していなかった人権侵害についても憲法第13条の「新しい人権」でカバーできており，人権保障に関してさほど不都合はない。

　立憲主義の考え方を採用し，平和主義を希求する日本においては，憲法を改正する差し迫った必要もない。むしろ，国民よりも国家を優先し基本的人権が後退する考え方，共助の名のもとに家庭に責任を押し付ける考え方が盛り込まれた改正案には危機感を抱いてしまう。憲法について今一度学び直し，憲法の目的は何か，目的と手段の関係，憲法を守る義務は誰にあるのか，憲法改正案は現在の日本国憲法とどう異なるかを知り，憲法の在り方や改正について自分なりの考えを持ってほしい。

公平という観点から必要最小限の人権制約のみを認める原理を「公共の福祉」と呼ぶ。ただし,「この法律は国家のために必要だ」といいさえすれば人権を制約する法律が制定できるとすると,大日本帝国憲法の「法律の留保」と実質的に同じになってしまうので,国家や社会のためといった抽象的で曖昧な理由で人権を制約する考え方ではない。あくまでも具体的な他者の人権と衝突してしまう場合に限って,それを調整するために必要最小限の人権制約のみを認めるのが公共の福祉の考え方である（通説）。

　「公共の福祉」は,他者の人権との矛盾・衝突を調整するため,つまり他者加害の防止のために人権制約を認めるものである。それに対して,個人の自由に委ねることで本人に回復しがたい重大な害悪や損害を及ぼす場合にも,本人のために公権力が例外的に介入しその権利の行使を制限することがある。このような制限を「限定的なパターナリスティックな制約」という。パターナリズム（国親思想）に基づく制約とは,精神的・身体的に未成熟な状態にある者に対しては,国が親の代わりになって本人の人格的自律のために制約をすることをいう。たとえば,飲酒や喫煙は本来的には本人の嗜好の問題であるはずだが,20歳未満の者が飲酒や喫煙をすると心身の健全な発育を阻害することになりかねないとして,自己加害の防止のために国が規制をする（未成年者飲酒禁止法,未成年者喫煙禁止法では満20歳未満の者を未成年として扱っている）。そのほか,未成年者は,契約,婚姻,職業選択など,さまざまな面で制約されている。しかし,乳幼児から成人間近の未成年などさまざまな発達段階の人がいるから,「未成年」と一括りにして一律に制約することは不適切である。そのため,この制約を「限定的」として,発達段階に応じて制約の範囲を調整している。

（4）法の下の平等

　憲法第14条では,国家に対しては平等原則を定め,国民に対しては平等権を保障する。法適用の平等のみならず,法内容の平等も求めている。

　平等という概念のうち,絶対的平等と相対的平等は,個人の差異（年齢・性別・能力など個人の諸事情）に着目するか否か,形式的平等と実質的平等は,個人の差異に着目し,同一事情・同一条件の下では均等に取り扱ったうえで,結

表 3-2　平等の種類と概要

平等の種類	概　要
絶対的平等　⇕対概念　個人の差異に着目するか否か　相対的平等	・個人の差異に着目しない。個人を機械的に一律に扱う。 　例：かつての人頭税 ・個人の差異に着目する。個人を同一事情・同一条件では均等に扱う（社会通念上合理的な区別を認める）。 　例：産前産後休暇，生理休暇，育児休業，20歳未満の飲酒喫煙禁止
形式的平等　⇕対概念　格差是正を目指すか否か　実質的平等	・個人の差異に着目する。個人を同一事情・同一条件では均等に扱う。 ・自由な活動を保障し，格差の是正は加味せず，機会の平等があればよいとする。実質的優遇措置は許容しない。 ・個人の差異に着目する。個人を同一事情，同一条件では均等に扱う。 ・社会的・経済的弱者を保護し，結果の不平等（格差）の是正を目指す。実質的優遇措置を許容する。 　例：ポジティブアクション

出所：筆者作成。

果の不平等（格差）の是正を目指すか否かによって区別される。

　国民一人ひとりの差異に着目して異なった取扱いをすることも一定の合理性があれば許される。むしろ個人的差異をまったく無視して機械的に一律に扱えば（絶対的平等），結果的に不平等が発生するだろう。たとえば，税金を課す際に貧富や所得の差に着目してその税率を変えるとか，刑罰を科す際に犯罪の性格や犯人の情状，反省の程度などに着目して刑罰の程度を変えるということも，それが社会通念上合理的ならば許容される。

　そして，すでに生じている格差を是正するために積極的に介入する必要もある。それが積極的格差是正措置であり，雇用の場で行われるものをポジティブアクションと呼ぶ。男女の賃金格差や男女の管理職割合に偏りが生じている状況においては，優先的に女性を採用する，女性の管理職割合が3割以上になるようにするなど，実質的平等を目指して是正措置を講じる必要がある。男女雇用機会均等法第8条では，均等な機会と待遇の確保の支障となっている事情を改善するために，女性労働者に関して行う措置を認めている。

　さらに平等の概念として，結果の平等（過程は問わず，結果をまったく同じに取り扱うこと）と機会の平等（機会を平等に与えること）がある。日本国憲法では，形式的平等と機会の平等が中心だが，一部で格差の是正が図られ，実質的平等

を目指している部分もある。同じものは同じに，違うものは違うように扱い，すでに差異が生じていて格差是正のために合理的ならば，法律上の取扱いに差異を設けている。本当の意味での「平等」を実現するのは非常に難しい。

参考文献

芦部信喜・高橋和之（2019）『憲法（第7版）』岩波書店。
伊藤真（2009）『伊藤真の日本一わかりやすい憲法入門』中経出版。
谷口真由美編著（2018）『資料で考える憲法』法律文化社。
辻村みよ子（2018）『憲法改正論の焦点——平和・人権・家族を考える』法律文化社。

一問一答　　　　　　　○か×か，答えてみよう。解答は213頁を参照。

> 1．国家権力は国家に当然に備わっているものではなく，憲法が国家権力に権限を授けてはじめて，そしてその定めた範囲内でのみ，憲法によって与えられることになる。このような「憲法が国家権力に権限を授ける」という性格を憲法の制限規範性と呼ぶ。　　　　　　　　　　　　　　　　　　　　　　（　　）
> 2．憲法に反する法律だと国民が判断したら，国民はその法律に一切従う必要はない。　　　　　　　　　　　　　　　　　　　　　　　　　　　　　　　　（　　）
> 3．日本国憲法では，人権を前国家的なものと捉えている。　　　　　　（　　）
> 4．法の支配においては，国家権力の行為はすべて法に基づいている必要があるが，法の内容の正しさまでは必要ではなく，法を適用する手続の正しさだけで足りる。　　　　　　　　　　　　　　　　　　　　　　　　　　　　　　　（　　）
> 5．公共の福祉は，公共性の高い人権を優先する考え方である。　　　　（　　）

第4章

民　法

　私法の基本法である民法は，市民一般の法律関係を規律する最も身近な法律であり，日常生活の中で生じた利害の対立を調整する方法を明らかにしている。本章では，民法の構成や近代私法の三大原則，私権の享有主体，財産法と家族法について概観する。

1　民法の構成

　民法は，第1編「総則」（第1～174条）に，意思表示，人，法人，物，法律行為，条件・期限，期間，時効など，民法全体に共通するルールを集約している。

　第2編「物権」（第175～398条）と第3編「債権」（第399～724条）を総称して「財産法」と呼ぶ。物権とは，物に対する支配権，つまり，一定の物を直接支配して利益を受ける排他的な権利（占有権，所有権，抵当権，質権など）をいい，実際には人と人が「物をめぐって」争うことになる。債権とは，特定の人に対して，一定の行為（不作為を含む）を請求できる権利をいう。

　第4編「親族」（第725～881条）と第5編「相続」（第882～1050条）を総称して「家族法」と呼ぶ。親族編では，婚姻，離婚，養子縁組など，夫婦や親子など身分上のつながりを有する親族に関する定めがなされており，親権（未成年の子に対して親が持つ権利・義務）や扶養（親族同士で支え合う制度）などの規定がある。相続編では，死亡した人（被相続人）が生前に所持していた財産を，誰に受け継がせるかという「相続」に関する定めがある。財産を遺す相手や額を自由に決めたい場合は，遺言という制度もある。

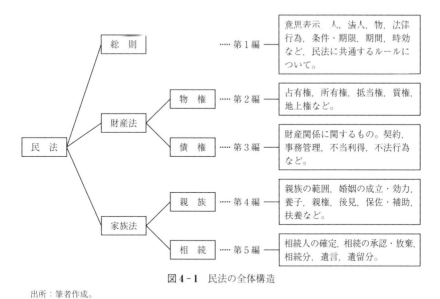

図 4 - 1　民法の全体構造

出所：筆者作成。

2　近代私法の三大原則

　近代私法の三大原則は，私的自治の原則，所有権絶対の原則，過失責任の原則の 3 つから成り立つとされ，過失責任の原則の代わりに権利能力平等の原則を入れるという説もある。資本主義経済の発展に伴い，貧富の格差の拡大，富の独占や公害などの社会問題が発生したこと，経済的・社会的弱者保護の必要性や公共の福祉により，三大原則も修正されている。

（1）私的自治の原則とその修正
　私的自治の原則とは，当事者の自由な意思によって，私的な法律関係を自由に形成できることをいい，さらに法律行為自由の原則（契約自由の原則，社団設立自由の原則，遺言自由の原則が典型）が導かれる。契約自由の原則とは，人が社会生活を営むに際して結ぶ契約は，公の秩序や強行法規に反しない限り，当事者が自由に締結できるというもので，民法に直接の規定はないが，第90条（公

序良俗）や第91条（任意規定と異なる意思表示）などがその根拠となっている。①契約締結の自由（そもそも契約を結ぶか否かの自由），②契約相手方選択の自由（誰を契約の相手方にするかの自由），③契約内容の自由（金額や支払い方法など，契約の中身に何を盛り込むかの自由），④契約方式の自由（合意のみで契約は成立するが，さらに書面化するか否かなどの自由）の4つに分類できる。

　契約は自由に決めることができるが，情報やお金，組織面などの力の格差がある当事者間では，弱い立場の者は強者の決めたルールに従わざるを得ないことが多い。そこで，労働の分野では労働条件の最低基準を国が整備する，経済の分野では不当廉売や偽装表示を取り締まるなど，修正がなされている。

（2）所有権絶対の原則とその修正

　所有権は，物に対して何らの制約を受けない完全な支配権である。所有者は，物を自由に使用・収益・処分することができ，これを侵害するあらゆる他人に対して対抗できる。近代私法では所有権は絶対だと考えられてきたが，他者の人権を傷つけてまでその権利が保障されるものではなく，他者との共同生活で成り立っている現代社会においては，他の人の生活との調和も考慮に入れる必要がある。その意味で所有権はもはや絶対のものではなく，公害の問題や他者の人権，公共の福祉，権利濫用の禁止といったルールで制限されている。

（3）過失責任の原則とその修正

　行為者に故意・過失がなければ損害賠償責任を負うことはない（「過失なければ，責任なし」）。しかし，大規模な産業活動による公害問題について，企業の過失を証明することが困難な場合や，製品が高度複雑化し，損害の発生原因を消費者が立証できないような場合が生じてきた。そこで，責任の所在や過失の立証責任の転換などの修正がなされ，責任無能力者の監督責任（第714条），使用者責任（第715条），土地工作物の責任（第717条），動物の占有者等の責任（第718条），共同不法行為者の責任（第719条），製造物責任（製造物責任法），公の営造物の設置・管理の責任（国家賠償法第2条）など，被害者保護と損害の公平な分担を目指して修正される場面が増えてきている。また，損害賠償の範囲を

「通常生ずべき損害」(第416条類推)に,因果関係も「相当な範囲」に限定している。

(4) その他の基本原則

　自分に権利があるからといって相手を困らせるためだけに権利行使をする場合や,本人に悪気はなくとも,権利を行使することで得られる権利者個人の利益と,相手方や社会全体に及ぼす害悪とを比べた結果,その権利の行使が許されない場合もある(権利濫用の禁止:第1条第3項)。また,社会的な共同生活の利益に反して生活をすることは許されないし(公共の福祉:第1条第1項),自分と関わりを持つ人の信頼を裏切ることのないよう,誠意をもって行動することも大切である(信義誠実の原則・信義則:第1条第2項)。信義則は,民法の個々の条文をそのまま適用したのでは不当な結果が生じてしまう場合などに弾力的な解決ができるよう,法律の規定のない部分を補充し,さらには法律を形式的に適用することによって生じる不都合を克服するという機能を営む。さらに信義則から,禁反言の原則(自己の行為に矛盾した態度をとることは許されない),クリーンハンズの原則(自ら法を尊重する者だけが,法の保護を要求できる),事情変更の原則(契約締結当時の社会的事情や契約成立の基礎となった事情の後に著しい変動を生じ,契約をそのまま強制することが信義公平に反する場合にはその破棄や変更を求めることができる)といった派生原理も生じている。

3　私権の享有主体と民法上の能力

　私法上の権利・義務の帰属主体となることのできる資格を権利能力といい,すべての個人が平等に有している(権利能力平等の原則)。自然人が権利能力を有するのは出生から死亡までの間である(第3条第1項,第882条,第31条)。例外として出生前の胎児は,生きて生まれることを条件に(停止条件),損害賠償請求や相続,遺贈をすることができる(第721条,第886条,第965条)。

　私たちは,個人の自由な意思を尊重する一方,自らの自由意思により決定したことの結果について責任を負う(自らした行為によって法的に拘束される)。そ

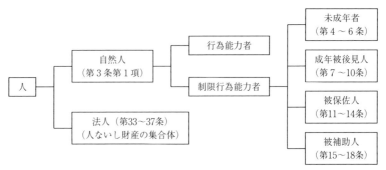

図4-2　自然人と法人および制限行為能力者制度の分類
出所：筆者作成。

の前提として，意思能力（有効に意思表示をする能力）が備わっている必要があり，一般には幼児，重度の知的障害者，泥酔者には意思能力がないとされる（第3条の2）。意思無能力者の行為は無効であり，不法行為責任も生じない。意思能力の有無は個別の事案ごとに具体的に判断される。

　しかし，意思能力の有無は外見からは判断がつきにくく，契約のたびに確認するのでは不便であろう（取引の安全を害する）。そこで，取引の安全を図り，判断能力の不十分な弱者を保護するために制限行為能力者制度を設け，制限行為能力者が単独でなした法律行為を「取り消すことができる」ものとした。行為能力とは，単独で確定的に有効な法律行為をすることのできる能力をいう。民法では，年齢や家庭裁判所の審判といった形式的な基準によって一定の範囲を定めている。①未成年者（第4～6条）は，一定の年齢（2022年4月1日より18歳）で一律に分け，その年齢に達しない者（未成年者）の行為能力が制限される。②成年被後見人（第7～10条），③被保佐人（第11～14条），④被補助人（第15～18条）の三者については，精神上の障害により事理弁識能力（ある物事の実態やその考えられる結果などについて理解し，自ら有効な意思表示をする能力）の程度を「欠く常況」やこれが「著しく不十分」「不十分」な場合に，家庭裁判所の審判により一定の行為能力が制限される。制限行為能力者制度は，本人が契約などを理解できずに不利益を被ることがないよう保護する制度であるから，制限行為能力者と契約をする場合は，その法定代理人（保護者や後見人など）の同

意を得ておけば，契約を有効に締結することができる。

　一方，法人は，法律の規定によらなければ成立しない（法人法定主義：第33条第1項）。法人の権利能力は，主務官庁に設立登記をしたときから，清算完了までである。法人には，人の集まり（社団）と財産の集まり（財団）がある。法人とその根拠法として，会社（会社法），一般社団法人・一般財団法人（一般社団法人及び一般財団法人に関する法律），NPO法人（特定非営利活動促進法），学校法人（私立学校法），宗教法人（宗教法人法）などがある。

4　債権債務および有効な債権債務の発生

　民法上の権利・義務を債権・債務といい，債権とは，特定の人に対して，一定の行為（給付）を請求できる権利をいう。債権の種類は無限にあり，自由に作り出すことができる。ただし，違法な契約，公序良俗に反する契約，実現不可能な契約は法的保護に値しないので無効である。また，債権を実現するにはその特定の相手が自発的に履行しなければ成り立たず（直接性がない），その特定の相手に履行を強要することもできない（支配性がない）。損害賠償を請求するなどして間接的に債務の履行を促すしかできない。

（1）債権の主な発生原因
　債権の主な発生原因は，意思表示に基づく法律関係（契約）と意思表示に基づかない法律関係（事務管理，不当利得，不法行為）に分かれる。
　事務管理（第697条）とは，法律上の義務がないのに，他人の事務を処理することをいう。「事務」とは，人の生活に利益をもたらすような仕事全般をいい，「管理」とは，保存・利用・改良などの行為をいう。事務管理では，相互扶助の精神を尊重して，その行為を適法とし，かかった費用を相手に請求できる。効果として，①事務管理の結果，本人に損害を与えたとしても違法性が阻却される，②管理者が本人のために有益な費用を支出したときは，費用の返還を請求できる。しかし，一旦事務をやり始めた以上は，途中で放り出すことは許されない（善良なる管理者の注意義務：第644条）。本人の身体，名誉または財産に対

する急迫の危害を避けるために事務管理をしたときは，管理者に悪意または重大な過失がないときは損害賠償責任を負わない（緊急事務管理：第698条）。

　不当利得（第703条）とは，法律上の正当な理由なく，他人の財産または労務から利益を受け，そのために他人に損失を与えたことをいう。公平の理念から，不当な財貨の移転や帰属を本来のあるべき姿に直すというのがその趣旨である。利得を受けた者が，悪意のとき（その事実を知っているとき）は全額返還する義務がある。善意のとき（その事実を知らなかったとき）は，ギャンブルなどの遊興費で浪費した場合には，その浪費分を差し引いた残額（現存利益）を返還すればよいが，生活費や借金返済で使用した分については返還義務がある。

（2）有効に債権債務が発生するためには

　契約をした際に，有効に債権債務が発生するためには，①成立要件，②有効要件，③効果帰属要件，④効力発生要件を満たす必要がある。

　①　成立要件

　多くの契約は，申込みの意思表示と承諾の意思表示が合致すれば，契約は成立する（諾成契約）。契約の成立に物の引渡しが必要な場合もある（要物契約）。

　②　有効要件

　主観的有効要件（当事者の主観的事情に着目）と客観的有効条件（契約内容に着目）がある。主観的有効要件としては，当事者が一定の能力を有していること，つまり，効果帰属主体が権利能力を有すること（なければ契約は無効），表意者に意思能力があること（なければ無効），表意者に行為能力があること（なければ取り消すことができる）が必要である。また，心裡留保（第93条），通謀虚偽表示（第94条），錯誤（第95条）といった意思表示の過程に問題がない，つまり表意者の意思と表示に不一致がないこと（あれば原則として無効，ただし2020年4月1日から錯誤の効果は無効から取消しに変更），詐欺や強迫（第96条）といった瑕疵ある意思表示でないこと（あれば原則取り消すことができる）が必要である。客観的有効要件としては，確定可能性，実現可能性，適法性，社会的妥当性が必要となる。「何でもいいから何か売ってくれ」「死んだ人を蘇らせてくれ」「違法薬物を売ってくれ」「愛人になれ」など，法的保護に値しない契約，実現不

可能な契約, 違法な契約, 公序良俗に反する契約は無効である。

③ 効果帰属要件

契約は必ずしも本人が締結するとは限らない。私的自治の補充・拡充のため, 代理という制度がある。代理人のした法律行為の効果を本人に有効に帰属させるためには, 代理権があることと顕名が必要である (第99条)。また, 人形や動物など権利能力のないものに契約の効果を帰属させることはできない。

④ 効力発生要件

契約に条件や期限がついている場合がある。条件とは, 法律行為の効力の発生または消滅を将来到来するかどうかが不確定な事実に係らしめることをいい, 停止条件 (「卒業したら車をあげる」など, 条件成就まで法律行為の効力の発生が停止されているもの) と解除条件 (「卒業したら仕送りをやめる」など, 条件成就によって発生していた法律行為の効力がなくなるもの) がある (第127条)。不法な条件を付した法律行為は無効となる (第132条)。

期限とは, 将来到来することが確実な事実に係らしめることをいい, 始期と終期, 確定期限 (「7月1日に売買代金を支払う」などいつ到来するか確実なもの) と不確定期限 (「私が死んだら家をあげる」など到来することは確実だが, いつ到来するかは不明なもの) がある。法律行為に始期を付したときは, 期限が到来するまで法律行為の履行を請求することができないが, 債務者は期限の利益を放棄して早く履行することもできる (第136条)。

5 契約の種類と分類

意思表示に基づく法律関係の典型的なものが契約である。契約は, その性質によって, ①互いに対価的意義を有する債務を負担するか (双務か片務か), ②互いに経済的損失があるか (有償か無償か), ③当事者の合意 (申込と承諾) のみで成立するか, 合意のほかに物の引渡し等が必要か (諾成か要物か) に分類することができる。13種類の典型契約は, 売買型 (贈与・売買・交換), 賃貸型 (消費貸借・使用貸借・賃貸借), 労務提供型 (雇用・請負・委任), その他 (寄託・組合・終身定期金・和解) に分類できる。消費貸借を除いて基本的にすべて諾成

表4-1　13種類の典型契約と類型

契約の種類	条　文	有償・無償	双務・片務	諾成・要物	タイプ
贈与	549〜554	無償	片務	諾成	売買型
売買	555〜585	有償	双務	諾成	
交換	586	有償	双務	諾成	
消費貸借	587〜592	無償・有償	片務・双務	原則要物，書面で行う契約は諾成	賃貸型
使用貸借	593〜600	無償	片務	諾成	
賃貸借	601〜622の2	有償	双務	諾成	
雇用	623〜631	有償	双務	諾成	労務提供型
請負	632〜642	有償	双務	諾成	
委任	643〜656	無償・有償	片務・双務	諾成	
寄託	657〜666	無償・有償	片務・双務	諾成	その他
組合	667〜688	有償	双務	諾成	その他
終身定期金	689〜694	有償・無償	双務・片務	諾成	その他
和解	695〜696	有償	双務	諾成	その他

出所：筆者作成。

契約となっている。表4-1の下線部分（消費貸借と使用貸借と寄託）は，改正民法の施行により2020（令和2）年4月1日から変更となった箇所である。

（1）売買契約

　売買契約は，金銭で物を買う契約であり，申込の意思表示と承諾の意思表示が合致すれば成立する（諾成契約）。契約が成立すると，売主には物を引き渡す債務があり，買主はその対価を払う債務を負う（有償契約，双務契約）。売買の目的物には基本的に制限はなく，およそ財産的価値があり他人に譲渡できる性質のものであれば何でも売買できる。

（2）賃貸借契約

　賃貸借契約は，当事者の合意のみで成立する（諾成契約）。賃貸人は目的物を使用・収益させる債務を負い，賃借人はその対価として賃料を支払う債務を負

う（有償契約，双務契約）。賃貸借契約には，不動産だけでなく動産（レンタカー・貸衣装など）の賃貸借もある。

（3）雇用契約

　雇用契約とは，労働に従事すること，それに対して報酬を与えることを約束する契約（有償契約，双務契約，諾成契約）である。民法では使用者と労働者との間で結ばれる契約の一般原則が書かれており，実際に雇用契約を結ぶときは特別法である労働基準法や労働契約法を参照する必要がある。

6　不法行為と損害賠償

（1）一般的不法行為

　不法行為（第709条）は，故意・過失によって損害を受けた者に，その損害の賠償請求を認めることで，損害の公平な分担と被害者の救済を図っている。結果発生について予見可能性があり，回避可能性があったにもかかわらず，注意を怠って回避しなかったことに過失があり，かつ自分の行為によって，他人に損害を与えてしまった場合に，その行為者に責任を問う制度である（過失責任主義）。

　不法行為の成立要件は，①加害者に責任能力（自らの行為の責任を弁識するに足りる知能をいい，12歳程度で身につく）があること，②財産的・精神的な損害の発生，③故意・過失に基づく行為であること，④他人の権利を違法に侵害したこと，⑤行為と損害との間に因果関係があることである。効果として，被害者に損害賠償請求権が発生する。未成年者や精神上の障害によって責任能力を欠く場合には，その本人は損害賠償責任を免れるが，その監督者が責任を問われる（第714条）。また，損害賠償の範囲については「通常生ずべき損害」（第416条類推）に限定し，因果関係も「相当な範囲」に限定されている（相当因果関係）。

（2）特殊な不法行為

　被害者救済と損害の公平な分担を図るため，特殊な不法行為制度も規定され，

下記のほかに土地工作物責任（第717条），製造物責任（製造物責任法）などがある。

① 使用者責任（第715条）

損害賠償請求が認められても，加害者に資力（支払能力）がなければ，結局のところ救済されない。そこで，直接の加害者の資力不足を補うため，加害者が仕事中にした行為について，雇用主（使用者）にも責任を追及する制度が設けられた。使用者は，被用者（労働者）の活動によって利益を得ているので，被用者の活動によって発生した損害についても責任を負うのが公平であるとする（報償責任の原理）。要件は，①一般的不法行為の要件を備えていること，②事業の執行につきなされたものであること，③使用者が被用者に対する選任・監督義務を怠ったことであり，その効果として，使用者は被用者の不法行為による代位責任を負う。使用者は，被害者に損害を賠償すれば，被用者に求償権を行使できるが，その範囲は信義則上相当な範囲に限定される。

なお，公務員の不法行為によって国民が損害を被った場合は，国または公共団体が代わりに責任を負う（国家賠償法第１条）。行政活動の萎縮効果を避けるため，国民は，加害行為をした公務員を直接訴えることはできない。

② 動物占有者の責任（第718条）

飼っている動物が，第三者の生命・身体や所有物に損害を与えた場合，飼い主が損害を賠償する義務を負う。ただし「相当の注意」をもって動物の管理をしたことを証明できた場合は，第三者に生じた損害を賠償する義務を免れる。

③ 共同不法行為（第719条）

一般的不法行為制度では，被害者が加害行為と損害との関係を立証する必要があるが，数人の行為によって結果が発生したとき，誰の行為で結果が生じたのか立証が困難になることがある。そこで被害者救済のため，数人の相互に関連する行為によって一つの違法行為を構成する場合，共同行為者全員が連帯して損害賠償責任を負う。要件は，①共同行為者がそれぞれ独立して因果関係以外の一般的不法行為の要件を満たすこと，②加害行為の前提として共同関係があること，③共同行為者のいずれかの行為によって損害が発生したことであり，その効果として，被害者は，被害額全額の救済を求めて，共同行為者に対して

個別もしくは全員に損害賠償を請求することができる。

（3）損害賠償の方法と過失相殺

　損害賠償の方法は，金銭賠償が原則である（第722条第1項）。精神的な苦痛も慰謝料として金銭で評価される。例外として名誉毀損の場合には，金銭以外に謝罪広告を求めることもできる。また，行為者に故意または過失があると同時に，被害者の過失が損害発生に影響を及ぼしている場合には，その被害者の過失が考慮され，賠償額が減額されることがある（過失相殺：第722条第2項）。

7　親族編

（1）親　族

　親族とは，血縁関係または婚姻関係でつながりを有する者をいい，直系血族および同居の親族には相互扶助の義務がある（第730条）。親族の範囲は，6親等内の血族，配偶者，3親等内の姻族である（第725条）。血族は法的な観点から決定され，自然血族（生物学上の血縁関係にある者）と法定血族（法律の規定により血族とされる者）がある。養子縁組をすれば法定血族となり，嫡出子の身分を取得する（第809条）。他方，生物学上の血縁関係があっても，非嫡出子が父やその血族との関係を生じるためには，父の認知が必要となる（第779条など）。親族関係は，自然血族の場合は死亡や失踪宣告（第31条）によって終了し，法定血族の場合は離縁および縁組の取消しによって終了する（第802～817条の11）。

　配偶者とは，婚姻関係にある相手方をいい，夫や妻と称する。配偶者関係は，死亡，婚姻の取消し，離婚によって終了する。姻族とは，配偶者の血族または血族の配偶者をいう。離婚すれば姻族関係は終了するが，死亡または失踪宣告によって婚姻が解消する場合，姻族関係は当然には終了せず，生存配偶者が姻族関係終了の意思表示をしたときに限り終了する。親等とは，親族間の世代の数を数え，遠近を測る概念のことで，傍系血族の親等は，本人から同一の祖先にさかのぼり，その祖先から他の1人に下るまでの世代の数による（第726条）。姻族の親等はその配偶者と同じ数字である。

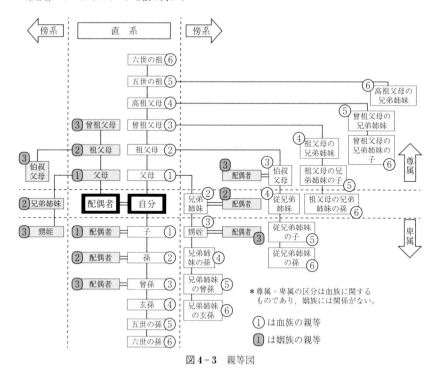

図4-3　親等図

出所：国税庁「親族の範囲」（https://www.nta.go.jp/taxes/shiraberu/taxanswer/shotoku/1180_qa.htm　2023年5月29日閲覧）を参考に筆者作成。

（2）婚　姻

①　婚姻の成立

　婚姻は，社会規範によって支持される性的結合関係である。婚約は将来婚姻しようという契約であり，結納や指輪の贈答などがなくても，お互いの合意だけで成立する。婚姻は，婚姻意思の合致，婚姻障害の不存在，届出という要件を満たせば成立する。婚姻意思（戸籍を届け出するという意思と真の夫婦として生活共同体を創設するという意思）が合致していなければ婚姻は無効である。婚姻は，戸籍法上の届出をすることで効力が生じ，届出は当事者双方および成年の証人2人以上が署名した書面です（第739条第2項）。なお，婚姻の届出はいつでも役所で受け付けてくれる。

　また，不適齢婚（2022年4月1日より男女ともに18歳），重婚，再婚禁止期間

（女性のみ前婚の解消または取消しの日から100日間→2022年12月10日の民法改正により廃止，施行日の2024年4月1日以後にされる婚姻に適用される），近親婚（直系血族間，3親等内の傍系血族間，直系姻族間，養親子間）といった婚姻障害が存在すると婚姻できない。たとえ婚姻届が受理されたとしても婚姻の取消事由となる。詐欺や強迫によって婚姻の意思表示をした場合は取り消すことができ，取消権は裁判上で行使する。なお，婚姻の取消しの効力は，その婚姻中に生まれた子を保護するため，将来に向かってのみその効力を生じ（将来効：第748条第1項），子は嫡出子の身分を取得する。

　②　婚姻の効果

　婚姻が成立すると，夫婦間においてその身分関係あるいは財産関係に関して，一定の法的効果が発生する。第一に，夫婦はその合意によりいずれかの氏を称する（夫婦同氏の原則：第750条）。夫婦別姓や第三者の氏を称することは認められていない。第二に，夫婦の同居扶助義務（第752条）である。ただし，自発的な履行によって実現されるべきであり，間接強制も含めて強制履行は許されない。第三に，貞操義務である（明文規定なし）。不貞行為が離婚原因となること（第770条第1項第1号）や一夫一婦制の当然の帰結として判例で認められてきた。第四に，夫婦間の契約取消権（第754条）である。婚姻中に締結された契約は，第三者の権利を害さない限り，婚姻している間いつでも夫婦の一方から解除することができる。第五に，夫婦財産制（第755〜762条）である。夫婦の財産の帰属について婚前契約をする慣行が日本ではあまりないが，婚姻の届出までにその登記をしなければ婚姻中に帰属した財産は法定財産制となる。具体的には，夫婦の財産関係は婚姻費用の分担（第760条），日常家事債務の連帯責任（第761条），夫婦別産制，記憶不明財産の共有推定（第762条）となる。

　③　婚姻の解消

　婚姻関係の解消は，死亡によるものと離婚によるものがある。夫婦の一方の死亡により婚姻関係は終了する。生存配偶者が自らの意思で届出をしない限り，元の氏に復氏しないし（第751条），生存配偶者が自らの意思で姻族関係終了の意思表示をしない限り，姻族関係は継続する（第728条第2項）。

　離婚には，協議離婚，調停離婚，審判離婚，裁判離婚の4種類がある。協議

離婚（第763条）は，話合いで作成した離婚届に証人 2 名の署名押印があれば，届出を役所に提出するだけで成立する。2020（令和 2 ）年の離婚は約19万3000組で，協議離婚は全体の88.3％を占める（厚生労働省「令和 4 年度　離婚に関する統計の概況」より）。

　夫婦の一方が離婚そのものに同意しない場合，子の親権者が決まらない場合，養育費や面会交流の取決めが決まらない場合，財産分与などの条件面で折り合わない場合など，離婚についての協議が調わなければ家事調停を行い（調停前置主義），調停員の立会いの下，双方の合意による調停離婚（8.3％）を目指すことになる。調停案に相手が同意しない，調停期日に出頭しない場合は調停不成立となり，次に審判離婚（1.2％）を目指すことになる。家事審判法により当事者の同意に基づいて離婚審判を下すものだが，審判内容に不服申立てをすると離婚は不成立となる。裁判離婚は，一定の離婚事由がある場合に家庭裁判所に離婚の訴えを提起することができ，裁判によって離婚を認める（和解離婚1.3％，判決離婚0.9％）。調停離婚や審判離婚は非公開の法廷で行われるが，裁判離婚は公開の法廷で行われる。離婚事由（第770条第 1 項）は，配偶者の不貞行為，悪意の遺棄， 3 年以上の生死不明，回復の見込みがない強度の精神病の罹患，婚姻を継続しがたい重大な事由（性格の不一致，愛情の喪失，暴力・虐待，信頼関係の喪失，家庭生活の放棄，肉体的結合の異常など）である。

　④　離婚の効果

　離婚によって，婚姻関係は将来に向かって解消される（将来効）。婚姻により生じた義務や夫婦財産制による拘束はなくなる。姻族関係は終了する（第728条第 1 項）。婚姻により氏を改めた者は婚姻前の氏に復するが（第767条）， 3 か月以内の届出により，離婚の際に称していた氏を称することができる（婚氏続称）。配偶者の一方は，離婚後 2 年以内に，他方に対して財産分与の請求ができる（第768条）。離婚時に年金分割をする場合は，事前に年金事務所に相談して按分割合を決めておくとよい。不貞行為が原因で離婚した場合は，不貞行為の相手方に対しても共同不法行為者として慰謝料を請求することができる。離婚時に未成年の子がいるときは，父母の一方を親権者と定める必要がある（第819条）。別居親との面会交流，子の養育費の分担その他について，必要事項は協議で定

める（第766条第1項）。その際，「子の利益」を最も優先して考慮しなければならない。

（3）親 子

親子関係は，実の親子と養子縁組による親子とに分かれる。

① 実親子関係

法律婚の夫婦から生まれた子は，夫の子と推定され（第772条第1項），嫡出子となり，父母の氏を称する。婚姻成立の日から200日以後，または婚姻の解消もしくは取消しの日から300日以内に生まれた子は，婚姻中に懐胎したものと推定する（第772条第2項）（ただし2022年12月10日の民法改正により，婚姻の解消等の日から300日以内に子が生まれた場合であっても，母が前夫以外の男性と再婚した後に生まれた子は，再婚後の夫の子と推定する。施行日の2024年4月1日以後に生まれる子に適用される）。婚姻関係にない男女間に生まれた子（非嫡出子）は，出産の事実から子の母は明らかだが（分娩主義），法律上は子の父が明らかでないため，父の認知が必要となる。父が，母の胎内にある段階で子を認知するときは，母の承諾が必要となる（胎児認知：第783条）。子が成人しているときは，子本人の承諾がなければ認知できない（成年認知：第782条）。非嫡出子は，母の戸籍に入って母の氏を称し（第790条第2項），母が単独で親権を行使する。

② 養親子関係

養子縁組は，自然の血縁のない者の間に法律上の親子関係を発生させる制度で，普通養子縁組と特別養子縁組がある。普通養子縁組は，実父母との親子関係を継続したまま，養父母と新たな親子関係を結ぶ制度であり，特別養子縁組は，実父母との法的な親子関係を解消し，養父母と新たな親子関係を結ぶ制度である（1988年に導入）。特別養子縁組の対象となる子は6歳未満から原則15歳未満に拡大された（第817条の5，2020年4月1日施行）。

養子縁組には，届出の際に当事者間に縁組の意思が必要となる。成年被後見人であっても本心であれば成年後見人の同意なく養子縁組することができる（第738条，第799条）。養子は，養親の氏を称し（第810条），養親の戸籍に編入され，嫡出子の身分を持つ（第809条）。未成年を養子にする場合，実親の親権は

消滅し，養親が親権者となる（第818条）。日本では，再婚に伴う連れ子との養子縁組や，家業や財産を継がせるための自分の孫や兄弟姉妹の子との養子縁組，婚姻の際の妻の父母との養子縁組（婿養子）などが多い。また，同性カップルが家族関係を求めて養子縁組をすることもある。

（4）扶　養

　扶養とは，高齢や年少，心身の障害，疾病，貧困，失業等の理由で独立して生計を営めない者の生活を他者が援助することである。民法では，夫婦の同居扶助義務（第752条），直系血族および兄弟姉妹の扶養義務（第877条），特別の事情があるときは三親等内の親族間の扶養義務（第877条第2項）など，親族間の扶養について規定している。夫婦間と未成熟の子に対する親の扶養は「生活保持義務」であり，自分と同程度の水準の生活をできるようにする必要がある。これに対して「生活扶助義務」は，自分の現在の生活レベルを落とさない程度で，経済的余力がある範囲で援助する義務をいい，成熟した子と親の関係や成人した兄弟姉妹同士の生活の援助などであるが，生活保持義務に比べて弱い義務といえる。なお，生活保護との関係では，民法に基づく扶養はあくまでも保護に優先されるだけとされる。生活保護の受給を申請した際，福祉事務所は，まずは近親者に援助を求めるよう本人に促すことが多いが，近親者に援助を求めること，近親者が援助をすることを行政が強制できるものではない。

（5）成年後見制度

　成年後見制度とは，精神上の障害により事理弁識能力を欠く常況にある者（成年被後見人），著しく不十分な者（被保佐人），不十分な者（被補助人）について，本人等の請求により，家庭裁判所が後見人を選任し，ノーマライゼーションの理念のもと，本人の意思や自己決定権を尊重しつつ，本人が誤ってした法律行為を取り消すなどして，本人を保護する制度である。成年後見制度には，法定後見と任意後見がある（表4-2）。法定後見は，事理弁識能力の程度に応じて，成年後見，保佐，補助の3つがある。任意後見は，将来判断能力が低下した場合に備えて本人があらかじめ任意後見人とその権限の内容を定める契約

表4-2 法定後見の3つの類型

	条 文	事理弁識能力	被後見人	後見人	後見人の権限
成年後見	7～10条	欠く常況	成年被後見人	成年後見人	法律行為全般の代理権があり，本人の行為を取り消すこともできる（ただし日用品の購入その他日常生活に関する行為は除く）。
保 佐	11～14条	著しく不十分	被保佐人	保佐人	重要な財産行為（第13条）への同意権。後見人の同意がなければ取り消すことができる。
補 助	15～19条	不十分	被補助人	補助人	特定の法律行為への同意権。後見人の同意がなければ取り消すことができる。

出所：筆者作成。

をしておき，実際に本人の判断能力が低下した場合に，家庭裁判所が任意後見人を監督する任意後見監督人を選任することで契約の効力が生じる。

　近年は，成年後見制度が運用の柔軟性を欠くという問題意識から，いわゆる「家族信託」という手法によって財産管理や承継を行う事例も増えてきている。

8　相続編

（1）相続とは

　相続とは，ある人が死亡した場合，その死亡した人（被相続人）に帰属していた権利および義務（相続財産，日常用語では「遺産」ともいう）が，一定の親族関係にある者（相続人）に当然かつ包括的に承継されることをいう。相続は，被相続人が死亡した瞬間に当然に開始する（第882条）。被相続人や推定相続人の殺害，詐欺・強迫による遺言，遺言書の偽造・変造・破棄・隠匿をした場合は，欠格（第891条）として，遺留分を有する推定相続人が，被相続人を虐待したり，重大な侮辱や著しい非行をした場合は，廃除（第892条）として，相続人から除外される。

（2）相続分

　法定相続の場合，配偶者は常に相続人であり（第890条），血族相続人がいる

表4-3　法定相続の順位と割合

第一順位	子（およびその代襲相続人）	1/2	配偶者 1/2
第二順位	直系尊属（最も親等が近い者）	1/3	配偶者 2/3
第三順位	兄弟姉妹（およびその代襲相続人）	1/4	配偶者 3/4

出所：筆者作成。

ときは共同で相続する。相続権を有する配偶者は法律上の配偶者であり，内縁関係は含まない。表4-3のように，法定相続の第一順位は，子（およびその代襲相続人）である（第887条第1項）。非嫡出子の相続分は，嫡出子の相続分の2分の1とする第900条第4号但書は，平等権違反により削除された（最大決2013年9月4日）。法定相続の第二順位は，直系尊属である（第889条第1項）。相続開始の時に，被相続人に子がいないときは被相続人の直系尊属のうち親等の近い者が相続する。法定相続の第三順位は，兄弟姉妹（およびその代襲相続人）である。

（3）相続財産と相続の承認

　相続人は，相続開始のときから被相続人の財産に属した一切の権利義務を承継する（包括承継）。相続人は，開始した相続の効果を確定させるか（①単純承認，②限定承認），否認するか（③相続放棄）を選択することができる（第915条第1項）。ただし，被相続人の一身に専属したもの（一身専属権），たとえば，栄誉・勲章や生活保護の受給権，扶養請求権などは本人限りとなり相続しない（第896条，憲法第14条第3項）。また，墓や仏壇・神棚といった祭祀財産は，相続財産とは別に計上され，慣習に従って祖先の祭祀を主宰すべき者（一般的には長男）が承継する（第897条）。相続財産の額によっては相続税（10～55％）がかかる。相続財産から基礎控除額3000万円と法定相続人の数×600万円を引いて算出する。日本の年間死亡者のうち，実際に相続税がかかるのは8％程度である。

　①単純承認（第920条）では，3か月の期間の徒過，相続財産の処分，背信行為（悪意の財産隠しなど）があった場合は，全面的に相続を承認したことになり（第921条），無限に被相続人の権利・義務を承継することになる。

　②限定承認（第922条）では，自己の固有財産による責任を負わないことを条件に，相続を承認することができる。相続人が数人あるときは，共同相続人の

全員の共同でなければ限定承認はできない（第923条）。3か月の期間内に財産目録を調製して，家庭裁判所に限定承認する旨の申述をする必要がある（第924条）。

③相続放棄（第938条）では，3か月の期間内に，家庭裁判所に相続放棄を申述すると，相続放棄をした者ははじめから相続人とならなかったものとみなされる（第939条）。代襲相続も起こらない。相続開始前に相続放棄をしても無効となる。

（4）遺言とは

遺言は，遺言行為をした者が死亡したときからその効力が生じる死後行為であり（第985条第1項），相手方のない単独行為であり，代理は許されない。遺言者に慎重に意思表示をさせ，他人の偽造・変造を防ぐため，民法の定める方式で遺言をする必要がある（要式行為：第960条）。遺言は共同ですることはできず（第975条），一つの遺言に2人分の遺言が記載されている場合は無効となる。相続発生時に，遺言があればそれに従い，なければ法定の相続分が適用される。

（5）遺言の方式と執行

①自筆証書遺言（第968条）は，遺言者が，遺言の全文，日付，氏名を自署捺印するやり方で，作成が手軽で費用もかからず，他人にも知られないで書くことができる。ただし，書式に不備があると無効になるし，死亡後に遺言が発見されない場合や，発見されても相続人などに故意に破棄・変造される可能性もある。また，遺言の執行には，家庭裁判所の検認を受ける必要がある。なお，2018（平成30）年の改正により，自筆証書遺言に添付する財産目録についてはパソコン等での作成が認められている（2019年1月13日施行）。

②公正証書遺言（第969条）は，証人2人以上の立ち会いのもと，公証人によって作成される。紛失や変造のおそれもないし，遺言の執行に家庭裁判所の検認も必要ない。ただし，証人に遺言の内容が知られるし，作成費用もかかる。

③秘密証書遺言（第970条）は，公証人と証人2人以上の人に遺言書の存在の証明をしてもらうので，遺言者の死後，遺言書が発見されないケースを防ぐこ

とができ，かつ遺言の内容を秘密にしておくことができる。ただし，家庭裁判所の検認がなければ，遺言の執行はできない。

（6）遺言能力と遺言の効力

　15歳に達した者は，遺言をすることができる（第961条）。制限行為能力者であっても原則として遺言能力を有している（第962条）。遺言は，遺言書の作成が終わったときに成立し，原則として遺言者の死亡のときから効力を生じる（第985条第1項）。遺言に停止条件が付いており，その条件が遺言者の死亡後に成就したときは，遺言は条件が成就したときからその効力を生ずる（第985条第2項）。遺言書の滅失・改ざん等の危険を防止するために，遺言の執行に先立ち，公的に遺言書の存在・形式・内容の確認がなされる手続が必要である。

（7）遺言の撤回・無効・取消し

　遺言者は，いつでも遺言の方式によってその遺言の全部または一部を撤回することができる（第1022条）。遺言は，①その方式に反する場合（第960条），②遺言者が遺言能力を欠く場合（第961〜963条），③公序良俗に反する場合は，無効になる。違法な内容を強要するような遺言も認められない。遺言の取消しは，詐欺・強迫による遺言に限られる（第96条第1項）。遺言は自由に撤回できるため，取消しの必要性はないが，遺言の取消しを認める実益は，もっぱら相続人が取消権を相続し，詐欺や強迫による遺言を取り消すことにある。

（8）配偶者居住権

　2018（平成30）年の改正により配偶者居住権が新設された（第1028条，2020年4月1日施行）。配偶者居住権とは，配偶者相続人が，被相続人の遺産である不動産を，無償で使用・収益することができる権利である。高齢夫婦の一方が死亡した際に，不動産の相続の手間や費用削減のため，子が不動産を相続するケースでは，配偶者相続人が退去を求められることがあることから，配偶者相続人の生存中は住み続けることができるようにした。ただし，遺産分割協議や遺言によって，配偶者居住権の存続期間に関して終身とはしない取決めもできる。

コラム　選択的夫婦別姓訴訟

　婚姻する両当事者は，互いに実家の籍を抜けて新たな戸籍を2人で創設し，どちらか片方の姓（氏）を選択する（第750条：夫婦同氏原則）。「氏」と「姓」は日常的には同じ意味として使われるが，法律上は「氏」で統一されている。民法第750条は，形式的には性中立的な規定であるが，現実には社会的な圧力もあり，夫の氏を採用する夫婦が96％以上である。国連からも選択的夫婦別姓を認めるべきだとの勧告が数度にわたってなされている。また，夫婦同氏制度は，日本国民同士の法律婚にのみ適用され，外国人と法律婚した場合（いわゆる国際結婚）は別姓が原則となるなど，当事者の国籍によって差異が生じている。夫婦同氏制度が，特定の人種や性に属する人に不利な効果・影響をもたらすならば違法な差別，つまり間接差別にあたるのではないかと指摘されている。

　2015（平成27）年に最高裁判所は，夫婦同氏制度は違憲ではないと判断した。「氏は，家族の呼称としての意義があるところ，現行の民法の下においても，家族は社会の自然かつ基礎的な集団単位として捉えられ，その呼称を一つに定めることには合理性が認められ」，「婚姻前の氏を通称として使用することまでを許さないというものではな」いから，「直ちに個人の尊厳と両性の本質的平等の要請に照らして合理性を欠く制度であると認めることはできない」とする。婚姻に際して氏を改める者がアイデンティティの喪失や個人識別機能を害される不利益，個人の信用，評価，名誉感情の喪失といった不利益を負うことは認めたものの，「氏の通称使用が広まることで一定程度は緩和され得るもの」とした（最大決2015年12月16日）。

　昨今では，婚姻しても対外的には氏を変えない人も増えてきており，婚姻した夫婦の氏が異なっていても婚姻した事実を外部に表示できる方法も十分に社会に根づいてきた。しかし，いくら通称使用ができるといっても，公的な書類（身分証明書，社会保険や銀行口座，株や不動産の登記など）は戸籍名で行う必要があり，婚姻による改姓をした者の変更手続にかかる手間や費用は大変なものになる。すべての人が満足する制度を構築することは困難である。制度が合理的か否かではなく，制度によって苦痛を受け不利益を被る人にまでその制度を強制し，例外を許さないことに合理性があるか否か，その制約を正当化し得るかを検討する必要がある。さらに，同性婚を認める国も増えてきており，日本でも，法の下の平等や婚姻の自由を根拠に，全国各地で同性婚を求める訴訟が提起されている。家族法関連の訴訟について今後の動向に注目する必要がある。

（9）遺留分

　被相続人が自分の財産をどう処分しようと自由であるが，一方で相続には，遺された相続人の生活保障や被相続人の財産形成に貢献した相続人への清算的な側面もある。そこで，相続人の最低限の遺産を確保するために，被相続人の生前処分または死因処分によって奪うことはできない遺留分（一定の相続人に留保された相続財産の一定割合）を設けた。

　遺留分を有する者は配偶者・子・直系尊属であり，兄弟姉妹には遺留分はない。遺留分の割合は，直系尊属のみが相続人の場合は相続財産の3分の1で，それ以外の場合は2分の1である（第1042条）。遺留分の権利者は，遺留分の侵害がなされた際に，被相続人の意思を尊重することもできるし，自分のもらうはずの相続分の一部を返せと請求することもできる（第1046条，遺留分侵害請求権）。なお，遺留分侵害請求権には時効があり，遺留分を有する者が，相続の開始および減殺すべき贈与・遺贈等があったことを知ったときから1年，または相続開始の時から10年が経過すると行使できなくなる（第1048条）。なお，2018（平成30）年の改正により遺留分を金銭で精算できるようになった（第1046条，2019年7月1日施行）。

参考文献

伊藤真（2020）『伊藤真の民法入門』日本評論社。

道垣内弘人（2019）『リーガルベイシス民法入門（第3版）』日本経済新聞出版社。

村尾泰弘編著（2019）『家族をめぐる法・心理・福祉』法律文化社。

　一問一答　　　　　　　　　　　○か×か，答えてみよう。解答は214頁を参照。

1．表意者に意思能力がない契約は無効である。	（　　）
2．事務管理（第697条）の「事務」とは，いわゆる事務作業のことをいう。	（　　）
3．違法な行為によって他人に損害を与えた者は，それによって生じた損害を無限に賠償する責任を負う。	（　　）
4．養子は法定血族にあたり，嫡出子の身分を取得する。	（　　）
5．遺言は18歳からすることができる。	（　　）

第5章

行政法

　行政庁が行うさまざまな行政活動は，直接間接に国民の権利義務に影響を及ぼす。本章では，行政の組織，活動に関する法の原則と行政活動の性質，効力を理解しよう。次に，違法・不当な行政活動によって国民の権利が侵害された場合，どのような救済手段があるか，また違法・不当な行政行為がなされないためにどのような事前の手続があるのかを学ぶ。

1　行政法の概念

　行政法とは，行政の組織に関する法（国家行政組織法，内閣法等），国民に対して行う行政活動の具体的な作用を定める法（道路交通法，建築基準法等），行政活動によって被害を受けた国民が救済を求める法（行政事件訴訟法，国家賠償法等）等，行政に関する数多くの法を総称したものである。ここで，「行政」とは，国家作用のうちから立法と司法を除いたものをいう（行政控除説）。民法や刑法などとは異なり，「行政法」という名称の法律は存在しない。

　立憲民主制の下での行政法の基本原理は，行政活動は法律に従って行わなければならないとする「法律による行政の原理」である。法律が行政活動の範囲と限界をあらかじめ定め，行政権の恣意的行使を防止し国民の権利を保護する。

2　行政組織

（1）国の行政組織

　内閣（首長たる内閣総理大臣と国務大臣からなる）が行政の最高機関として国家行政の実施にあたり，国会を通じて国民に責任を負う（憲法第65条，第66条第3項）。内閣がすべての行政機関を統括する。内閣の下に，11省（法務省，経済産業省等）が定められ，その外局として委員会および庁が設置されている（国家行政組織法別表第1）。

（2）地方の行政組織

　地方公共団体には，普通地方公共団体と特別地方公共団体がある（地方自治法第1条第1項）。普通地方公共団体は，2層制になっており都道府県と市町村に分かれている。地方公共団体の執行機関として長（都道府県知事，市町村長），委員会（公安委員会，教育委員会等），委員がおかれている。

（3）公務員

　公務員は全体の奉仕者であって，一部の奉仕者ではない（憲法第15条第2項）。私人間の雇用関係は労働法に抵触しない範囲で自由に契約することができるが，公務員においては，身分保障，権利・義務，任用の基準，人事機関などが国家公務員法，地方公務員法により定められている。また，政治的に中立な立場を維持するために政治活動の自由は制限されており，行政サービスの低下を防ぐため労働基本権（団体交渉権，ストライキを行う権利等）も制限されている。

3　行政の行為形式

　行政の活動の基本単位は，法的性質により，行政行為，行政立法，行政契約，行政指導，行政計画に分けられる。

（1）行政行為

　行政の活動の行為形式の中で最も特徴的なものが行政行為である。行政行為とは，さまざまな行政の活動のうちで，行政庁が行政目的を実現するために，一方的に国民の権利義務その他の法的地位を具体的に決定する行為である。行政行為という概念は，講学上のものであり，行政手続法，行政不服審査法および行政事件訴訟法における「処分」と類似するが，「処分」の方がやや広い。

　実際の法律では「免許」「許可」「禁止」「決定」「裁決」「措置」等の文言が使用される。たとえば，道路交通法に基づく運転「免許」や食品衛生法に基づく営業「禁止」，生活保護法に基づく保護「決定」などである。

　行政行為は，第一に，一方的な公権力の行使である。「行政契約」は当事者の意思表示により権利義務の内容が定められるもので，行政行為ではない。第二に，直接国民の権利義務を決定する行為である。権利義務に変動を及ぼさない事実行為である「行政指導」は行政行為ではない。

（2）行政行為の効力

　行政行為はその性質上特殊な効力がある。公定力と不可争力は，行政目的の早期実現と法律関係の早期確定のため，行政行為一般に認められる効力である。

　①　公定力

　行政行為がたとえ違法であっても，権限ある機関（不服申立て，取消訴訟など）によって取り消されるまでは有効なものとして取り扱われることをいう。

　②　不可争力

　一定期間が経過すると私人の方から行政行為の効力を裁判上争うことができなくなることをいう。出訴期間は，処分を知ったときから6か月（行政事件訴訟法第14条第1項）または処分があった日から1年（同第14条第2項）である。

　③　自力執行力

　行政庁が行政行為の内容を自力で実現することをいう。たとえば，税金を滞納した場合に，裁判手続を経なくても徴収職員によって滞納処分による差押えおよび換価を行うことができる（国税徴収法第47条，第89条）。

④　不可変更力

行政行為を行った行政庁が職権で自らこれを取消し，変更できないことをいう。すべての行政行為に認められる効力ではなく，審査請求に対する裁決（訴訟における判決に相当する）のような争訟裁断行為に限って認められる。

（3）その他の行政の行為形式

① 行政立法

国会が唯一の立法機関（憲法第41条）であるが，法律に反しない範囲で行政機関が法規範を作ることも認められる。行政機関が行う立法は「命令」と呼ばれ，内閣が制定する政令，各省大臣が制定する省令などがある。国民の権利義務に関わる命令の制定には法律の授権が必要となる。法律の授権の例として，生活保護法第19条第4項は，保護の決定および実施に関する事務につき政令（生活保護法施行令第1条）に委任している。

② 行政契約

行政主体が私人と対等の立場で行政目的を達成するために締結する契約をいう。たとえば，公共事業用地を取得する場合，行政行為である土地収用裁決（土地収用法第47条の2）による場合もあるが，実際には売買契約（任意買収）によることがはるかに多い。

③ 行政指導

行政機関がその任務または所管事務の範囲内において，一定の行政目的を実現するため特定の者に一定の作為または不作為を求める指導，勧告，助言その他の行為であって処分に該当しないものをいう（行政手続法第2条第6項）。行政指導は，私人に対し働きかけてその任意の協力によって行政目的を実現しようとするものである（同第32条）。これに従うかどうかは私人の自由であるが，現実には行政指導に従わなければ，別の局面で行政機関から不利益を受ける可能性をおそれて行政指導に従う危険性があるので，行政指導を実施するに際しては，その趣旨，目的を明示しなければならない（同第35条第1項）等，行政手続法において行政指導の適正な手続が規定されている。

④　行政計画

行政機関が行政活動を行うについて定める計画をいう。行政計画は行政庁の広い政策的判断のもとに作成されるものであるが，行政内部にとどまらず外部的な効力（たとえば，国民に直接法的効果を持つ公共事業の実施計画）がある場合には，法律の根拠に基づく必要がある。

4　行政上の義務履行確保

（1）行政上の強制執行

近代法治国家では権利者による自力救済は禁止され，私人に対する義務履行の強制は，裁判所により行われるのが原則である。しかし，行政上の義務履行の強制のために裁判所の手続が必要となると行政目的の早期実現を図ることができない。そこで，法律により特別の強制執行制度が定められ，行政機関自身による自力救済が認められている。

（2）行政上の強制執行の種類

①　行政代執行

代替的作為義務（他人が代わって行うことができる義務）が履行されない場合に，行政庁が自ら義務者のすべき行為をし，または第三者にこれをさせ，その費用を義務者から徴収することをいう（行政代執行法第2条）。

②　直接強制

義務者の身体または財産に対し，直接に実力を加え，義務が履行された状態を実現することをいう。人権侵害のおそれが高い手続であるため一般法は存在せず，個別法（感染予防法）で定められた場合のみ認められる。

③　滞納処分

前節第2項で述べた通りである。

（3）行政上の義務違反に対する制裁

行政罰とは，行政上の義務違反に対して制裁として科される罰をいい，行政

刑罰と秩序罰に分類される。行政刑罰とは，刑事手続により刑法上の刑罰（「死刑」「拘禁」など）を科すことをいう。道路交通法などに規定がある。秩序罰とは，軽微な違反に対して行政上の秩序を維持するために非訟事件手続により「過料」を科すことをいう。

5　行政の事前手続

（1）行政手続法

　違法な行政活動がなされた場合，国民は不服申立てや取消訴訟によってその行為の取消しを求めることができる。しかし行政活動がなされた後の事後的な救済だけでは国民の権利利益の保護は不十分である。行政活動が行われる前に告知・聴聞を受ける機会を保障する等，事前の手続が必要となる。行政手続法は，処分，行政指導，命令等につき事前手続を規定している（第1条）。

（2）処分の手続

　処分には，営業許可申請に対する許可のような「申請に対する処分」と，営業許可の取消しのような「不利益処分」がある。

　申請に対する処分に関しては，審査基準（申請に対する許認可を判断するために必要な基準）の設定と公表（行政手続法第5条），拒否理由の提示（同第8条）が行政庁の義務とされ，標準処理期間の設定（同第6条）は努力義務とされる。

　不利益処分については，不利益を課される者が意見を述べられるよう，告知（予定する処分を通知）・聴聞（相手方の意見を聴取する）の手続または弁明の機会の手続がとられなければならない（同第13条）。処分基準の設定・公表は努力義務であるが（同第12条），処分理由の提示は義務である（同第14条）。

（3）命令等を定める手続

　行政機関が法律に基づく命令等を定める場合には，案や関連資料をあらかじめ公示して一般の意見（パブリック・コメント）を公募しなければならない（意見公募手続：行政手続法第39条）。

6　行政争訟制度

（1）不服申立てと行政訴訟

　違法・不当な行政活動によって国民の権利が侵害された場合，2種類の救済の手続がある。一つは，行政機関に対して違法・不当な行政活動の是正を求める不服申立て（行政不服審査法（以下，行審法））である。もう一つは裁判所に対して違法な行政活動の是正を求める行政訴訟（行政事件訴訟法（以下，行訴法））である。裁判所が審理できるのは違法かどうかだけであるが，不服申立ての場合は，違法かどうかだけでなく適法であっても不当かどうかも審理される。

　不服申立ては，裁判所に訴えを提起する前に，行政機関に再考を求めるものである。訴訟よりも簡易迅速な手続であるが，下級行政機関が行った行為を上級行政機関が判断するものであるため，必ずしも公正性が保障されていない。国民としては不服申立てをするか，直ちに訴訟提起するかを，原則として自由に選択できる（自由選択主義の原則：行訴法第8条第1項）が，例外的に個別法の定めにより，不服申立てに対する裁決を経なければ訴訟提起できない場合がある（審査請求前置主義）。これは介護保険法，生活保護法などに規定がある。たとえば，介護保険の要介護認定の審査の判定に不服がある場合，まず，介護保険審査会に対し審査請求を行い（介護保険法第183条），審査請求が棄却された場合にはじめて取消訴訟を提起することができる（同第196条）。

（2）行政不服審査法

　行政不服審査法は，審査請求，再調査の請求，再審査請求の3つの手続を規定している。審査請求が原則的な手段であるが，例外的に，個別法の定めがあるときは処分庁（処分をした行政庁）に対する再調査の請求ができる（行審法第5条第1項）。審査請求に対する裁決に不服がある場合，個別法の定めがあるときは，再審査請求をすることができる（同第6条第1項）。

　審査請求は，行政庁の処分または不作為に不服がある者が処分庁・不作為庁の最上級行政庁等に審査を申し立てるものである（同第4条第4項）。公正性を

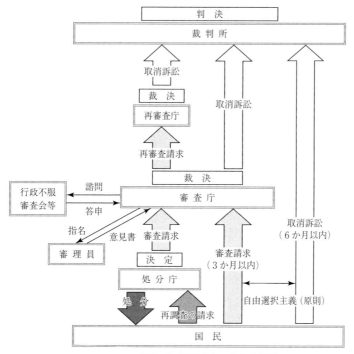

図5-1　不服申立てと行政訴訟

出所：筆者作成。

確保するため，2014（平成26）年の改正により，審理員による審理手続（同第9条），第三者機関への諮問手続（同第43条）が新設された。

（3）行政訴訟

　行政事件訴訟法は訴えができる4つの訴訟類型を定めている。抗告訴訟，当事者訴訟，民衆訴訟，機関訴訟である（行訴法第2条）。

　裁判所は，あらゆる私人間の紛争を解決する機関ではなく，当事者間の具体的な権利義務ないし法律関係の存否に関する紛争を法の適用によって解決する機関である（裁判所法第3条第1項）。抗告訴訟，当事者訴訟はこの裁判所本来の権能から認められるものである。個人の権利利益の保護を目的とする訴訟であり主観訴訟という。民衆訴訟（住民，選挙権者としての資格でする訴訟），機関

訴訟（行政機関相互の争い）は個人の権利利益ではなく公益の保護のため特に法律が認めた訴訟であり客観訴訟という。

　抗告訴訟とは，行政庁の公権力の行使に関する不服の訴訟をいう（行訴法第3条第1項）。抗告訴訟には，処分取消しの訴え（同第2項），裁決取消しの訴え（同第3項：行政庁の裁決等の争訟裁断行為の取消しを求める訴訟），無効等確認の訴え（同第4項：処分，裁決が無効であることの確認を求める訴訟），不作為の違法確認の訴え（同第5項：行政庁が法令に基づく申請に対し，何らかの処分または裁決をしないことの違法の確認を求める訴訟），義務付けの訴え（同第6項：行政庁が処分または裁決をすべき旨を命ずることを求める訴訟），差止めの訴え（同第7項：行政庁が処分または裁決をしてはならない旨を命ずることを求める訴訟）の6種類がある。

　このうち処分取消しの訴えにおいて取消しの対象となる「処分」とは，「行政庁の処分その他の公権力の行使に当たる行為」（行訴法第3条第2項）であり，行政活動のうちで，処分性があるものをいう。判例は，処分性につき「公権力の主体たる国または公共団体が行う行為のうち，直接国民の権利義務を形成し，またはその範囲を確定することが法律上認められているものをいう」（最判1964年10月29日）と解している。講学上の行政行為（本章第3節）の概念に近いものである。一般的に行政行為は処分性が認められると考えられる。

　裁判所はまず訴えが提起された場合，訴えが適法であるかを判断する。上述した処分性をはじめとする次の5つの訴訟要件をみたしていなければならない。訴訟要件がみたされていない場合は，裁判所は内容を審理せず，不適法な訴えとして，訴え却下の判決（門前払い判決）をすることになる。

---

①　処分性。

②　原告適格：「取消しを求めるにつき法律上の利益を有する者」（行訴法第9条）が訴えを提起できる。処分の直接の対象者が原告適格を有することは当然であるが，処分の対象者以外の者に認められる場合もある。

③　被告適格：処分をした行政庁の所属する国または公共団体（同第11条第1項）。

④　訴えの利益：処分を違法として取り消した場合に，回復される現実の利益があることが必要である。たとえば，建築確認の取消訴訟を提起したが，その工事が完了してしまった場合，判例上は訴えの利益がない。

⑤　出訴期間：処分を受けたことを知った日から6か月あるいは処分の日から1年を経過した場合は訴えを提起できない（同第14条第1項）。

7　国家賠償法

違法な行政活動により国民が現実に損害を被った場合，国や公共団体はその損害の賠償責任を負う。

（1）公権力の行使に基づく損害賠償責任

公権力の行使に当る公務員が，その職務を行うについて，故意又は過失により違法に国民に損害を加えたときは，国又は公共団体が，これを賠償責任を負う（国家賠償法（以下，国賠法）第1条）。公務員の行為から生じた損害について，使用者である国や公共団体が代位して責任を負い被害者救済を図る制度である。民法第715条の使用者責任と類似しているが，民法では加害者本人も責任を負う（民法第709条）のに対し，当該公務員は直接国民に対して責任を負わない（最判1955年4月19日）。また国賠法は，代位責任であるので国が公務員の選任監督について注意を怠っていない場合などの免責の規定はない。

「公権力の行使」には，権力的な行政活動だけでなく，学校教育活動，行政指導等広く非権力的な活動も含む。「職務を行う」の職務とは，当該公務員が職務執行の意思を持っていなくとも客観的に職務執行の外形を備えていればよい。

（2）公の営造物の設置管理の瑕疵に基づく損害賠償責任

国または公共団体が設置，管理している道路，川などの営造物の欠陥などにより国民が損害を被った場合には，国または公共団体が賠償責任を負う（国家賠償法第2条）。上述の第1条に基づく責任の発生には「故意又は過失」が必要であるのに対し，本条の責任は無過失責任である。

8　地方自治

（1）国と自治体の関係

　地方自治法は，国と地方公共団体の行政活動の役割分担の在り方を規定している。国は，本来果たすべき役割（国際社会における国家としての存立に関わる事務や全国的に統一的に定めることが望ましい行政活動等）を重点的に担い，住民に身近な行政はできる限り地方公共団体に委ねるとされている（地方自治法第1条の2第2項）。

（2）住民自治と団体自治

　地方自治とは，地方の政治は地方の住民の意思によって地方が行うことをいう。憲法は，地方公共団体の組織および運営に関する事項は，地方自治の本旨に基づいて法律で定める（第92条）と規定している。これは，地方自治制度に関する法律は，「地方自治の本旨」に基づくべきであることを意味する。

　「地方自治の本旨」には，住民自治と団体自治の2つの原則が含まれていると考えられる。当該地域の行政は住民の意思に基づいて実施し（住民自治），事務は国から独立した地方公共団体が処理すべき（団体自治）とする原則である。また，地方公共団体に自治立法権が認められ，法律の範囲内で条例を制定することができる（憲法第94条）。地方公共団体の「地域における事務」に関し条例を制定することができ（地方自治法第14条第1項），特に権利義務に関わるものについては条例に定められなければならないものとされている（同第14条第2項）。

一問一答　　　　　　　　　　〇か×か，答えてみよう。解答は214頁を参照。

1．行政行為は，行政機関が行う行為の中で，私人に対し一方的に法律の規定に基づいて権利義務を形成する行為をいう。　　　　　　　　　　　　　　　（　　）

2．営業許可の取消し等の不利益処分をする場合は，必ず処分基準を定めなければならない。　　　　　　　　　　　　　　　　　　　　　　　　　　　（　　）

3．年金の給付に関する処分に不服がある場合，社会保険審査官に審査請求をすることができるし，審査請求を経ずに裁判所に取消訴訟を提起することもできる。　　　　　　　　　　　　　　　　　　　　　　　　　　　　　（　　）

4．建築確認取消訴訟の係属中にその対象である工事が完成したときは，訴えの利益は消滅する。　　　　　　　　　　　　　　　　　　　　　　　　　（　　）

5．公務員の不法行為から生じた損害について，国が公務員に代わって損害賠償責任を負う場合があるが，公務員の選任・監督について相当の注意をした場合には責任を免れる。　　　　　　　　　　　　　　　　　　　　　　　　　（　　）

第Ⅲ部

権利擁護の意義と
権利擁護を支える仕組み

第6章

権利擁護の意義

　本章では，社会福祉における権利擁護とはどのようなもので，いかにすれば実践することができるのかを考えたい。まず，権利擁護の定義とその背景にあるものについて解説する。さらにその前提となる，権利あるいは人権とは何なのかについても考える。

　以上について考えることを通して，ソーシャルワーカーが権利擁護を実践する意義はどこにあるのか，さらにその重要性について等を，できれば自分の言葉で説明できるようになることが本章の目的である。

1　権利擁護とは何か

　ソーシャルワーカーは，何らかの要因により意思を表明するなどの力が弱められている人々に対して，権利擁護を行う専門職である。ここでいう「権利擁護」とは，英語では「advocacy」と表され，その意味は「代弁，弁護，主張・権利擁護の主張」などである。すなわち，支援が必要な人の人権を擁護することである。一方，社会福祉実践の現場では，「権利擁護」というと人権侵害や虐待への介入方法を指していたり，成年後見制度等を利用すること（提供すること）であると限定的に捉えられている場合もある。これらを狭義の権利擁護と位置づけるとすれば，広義の権利擁護とは，クライエントの人権を守ることを通して，彼ら一人ひとりが持つ「個人の尊厳」の保持とその人の「自己実現」の達成を支援することであり，単にそのための方法を指すのではなく，実践の際の姿勢や視点，基本的な態度や理念を含めた考え方を意味するといえる

図 6-1　マズローの欲求階層説

出所：筆者作成。

だろう。

　ここでいう「個人の尊厳」と「自己実現」は，抽象的な概念であると捉えられがちであるが，前者（個人の尊厳）は，日本の最高法規である憲法の第13条に明確に位置づけられている。「すべて国民は，個人として尊重される。生命，自由及び幸福追求に対する国民の権利については，公共の福祉に反しない限り，立法その他の国政の上で，最大の尊重を必要とする」と，すべての国民の「尊厳の保持」が日本国憲法の最も中心にある原理であるとされている（詳細は第3章参照）。「個人の尊厳」とは，「すべての個人が唯一無二の存在として，ただそれだけの理由で尊ばれること」である。

　さらに後者（自己実現）は，マズロー（A. H. Maslow）の欲求発達階層の最上位に位置づけられている概念である（図6-1）。マズローによると，人間は図6-1にあるピラミッドの下位の欲求から順に満たそうとし，下の層の欲求が満たされるとその1つ上の欲求を次に満たそうとする存在である。最高位は自己実現の欲求で，自分の持つ力を最大限に発揮してさらに成長しようとすることを意味する概念である。ここから，クライエントの自己実現をかなえるためには，生理的欲求や安全の欲求という基本的欲求を満たすことができるよう，

まずは支援することが不可欠であること，さらに，どのような状態に陥ったとしても，人は「他者から愛されたい，他者を愛したい」存在であるし，他者から価値ある存在だと認められたい存在であることがわかる。そのような人間を対象とし，支援する者は，最後までこれらの欲求を満たすための支援を提供できるかということを追求し続けなければならない。

　クライアントに対して権利擁護を実行するには，このような個人の尊厳とは何であるかということや自己実現とは何であるかという基本的な人間理解と，私たちの生活の根底を支える憲法に代表される法の理解等が不可欠である。

　一方，「権利擁護」をソーシャルワーカーの実践レベルで捉えると，日本における憲法上の人権に関する理解やマズローの欲求階層で表される基本的な人間理解に加えて，「当事者を個別の存在として，どこまで多角的な視点で理解できるか」や「支援者として，当事者にどのように向き合うのか」，そして，「支援者として，どのような信念をもって実践に携わるのか」などの態度や姿勢などが必要とされる。

2　人権とは何か

　前節で「個人の尊厳」とは，「すべての個人が唯一無二の存在として，ただそれだけの理由で尊ばれること」であると定義した。ここからもわかるように「人権」を「人がただその人であるというだけで有する権利」と捉えると，人は一人ひとりがかけがえのない，尊いものであるということから，「いかなる場合にも踏みにじったり，無視をしてはならないもの，それが人権である」といえる。しかし，この考え方が「あらゆる人」にあてはまるという考えは自然発生的に起きたのではなく，1948年に国際連合総会で「すべての人間は，生まれながらにして自由であり，かつ，尊厳と権利とについて平等である」（第1条）とうたわれた世界人権宣言が採択されて以降に広まったものであるといわれている。

　「人権」を英語で表記すると「human rights」である。この最後の言葉に「s」がついていることが重要だといわれる。英語では1つ，2つと数えること

表 6 - 1　主要な国際人権条約と批准状況の一覧（2022年 4 月 1 日現在）

	条約名	採択年月日	締約国数	日本の締結年月日
1	あらゆる形態の人種差別の撤廃に関する国際条約（人種差別撤廃条約）	1965.12.21	182	1995.12.15
2	経済的，社会的及び文化的権利に関する国際規約（社会権規約）	1966.12.16	171	1979.06.21
	選択議定書*（個人通報制度）	2008.12.10	26	
3	市民的及び政治的権利に関する国際規約（自由権規約）	1966.12.16	173	1979.06.21
	第 1 選択議定書*（個人通報制度）	1966.12.16	116	
	第 2 選択議定書（死刑廃止）	1989.12.15	90	
4	女子に対するあらゆる形態の差別の撤廃に関する条約（女性差別撤廃条約）	1979.12.18	189	1985.06.25
	選択議定書*（個人通報制度）	1999.10.06	114	
5	拷問及びその他の残虐な，非人道的な又は品位を傷つける取扱い又は刑罰に関する条約（拷問等禁止条約）	1984.12.10	173	1999.06.29
	選択議定書*（拷問等防止小委員会）	2002.12.18	91	
6	児童の権利に関する条約（子どもの権利条約）	1989.11.20	196	1994.04.22
	武力紛争における児童の関与に関する児童の権利に関する条約の選択議定書	2000.05.25	172	2004.08.02
	児童売買，児童買春及び児童ポルノに関する児童の権利に関する条約の選択議定書（売買春選択議定書）	2000.05.25	177	2005.01.24
	児童の権利に関する条約の選択議定書（個人通報制度及び調査制度）*	2011.12.19	48	
7	全ての移住労働者及びその家族の権利保護に関する条約*（移住労働者権利条約）	1990.12.18	57	
8	障害者の権利に関する条約（障害者権利条約）	2006.12.13	185	2014.1.20
	選択議定書*（個人通報制度）	2006.12.13	100	
9	強制失踪からのすべての者の保護に関する国際条約（強制失踪条約）	2006.12.20	68	2009.7.23
10	難民の地位に関する条約（難民条約）	1951.07.28	146	1981.10.03
	難民議定書	1967.01.31	147	1982.01.01
11	国際的な組織犯罪の防止に関する国際連合条約を補足する人（特に女性及び児童）の取引を防止し，抑止し及び処罰するための議定書（人身取引議定書）	2000.11.15	178	2017.7.11
12	集団殺害罪の防止及び処罰に関する条約（ジェノサイド条約）*	1948.12.09	152	
13	戦争犯罪及び人道に対する罪に対する時効不適用に関する条約*	1968.11.26	56	
14	婦人の参政権に関する条約	1953.03.31	123	1955.07.13
15	既婚婦人の国籍に関する条約*	1957.01.29	75	
16	婚姻の同意，最低年齢及び登録に関する条約*	1962.11.07	56	
17	無国籍者の地位に関する条約	1954.09.28	96	
18	無国籍の削減に関する条約*	1961.08.30	78	
19	奴隷改正条約**			
	1926年の奴隷条約*	1926.09.25	-***	
	1926年の奴隷条約を改正する議定書*	1953.10.23	61	
	1926年の奴隷条約の改正条約**	1953.12.07	99	

	奴隷制度，奴隷取引並びに奴隷制度に類似する制度及び慣行の廃止に関する補足条約*	1956.09.07	124	
20	人身売買及び他人の売春からの搾取の禁止に関する条約	1949.12.02	82	1958.05.01
21	アパルトヘイト犯罪の禁止及び処罰に関する国際条約*	1973.11.30	110	
22	スポーツ分野における反アパルトヘイト国際条約*	1985.12.10	62	

注：　*　　日本が未加盟の条約については仮称。
　　　**　「1926年の奴隷条約を改正する議定書」により改正された「1926年の奴隷条約」が「1926年の奴隷条約の改正条約」である。締約国となる方法には，(1)改正条約の締結と，(2)奴隷条約の締結及び改正議定書の受諾との2つがある。
　　　***　国連ホームページ上に締約国数の記載のないもの。
出所：ヒューライツ大阪「主要な国際人権条約と批准状況の一覧」(https://www.hurights.or.jp/archives/treaty/un-treaty-list.html　2022年5月12日閲覧)。

ができる名詞にだけ複数形を意味する「s」がつく。つまり人権は，抽象的なものではなく，数えられるものであり，具体的なものであるということがわかる。世界人権宣言でも30個の具体的な権利が一つずつ挙げられており，人権は「普遍性・平等性（すべての人が平等に持つ）」「不可譲性・不可侵性（他人に譲る，あるいは奪われるものではない）」「不可分性・相互依存性（個々の権利は互いに補い合っており，切り離せない）」の3つの特徴があるといわれている（1993年に国連世界人権会議にて採択された「ウィーン宣言及び行動計画」より）。

　世界人権宣言が採択されて70年以上が経つが，この宣言は突然できあがったものではない。それまでにも世界各地で差別や抑圧に反対し，人権の実現を求める声が数多く存在した。それらが土台となって「世界人権宣言」が誕生したのである。私たちが現在獲得している自由や権利は当たり前のものでは決してなく，世界中の差別や排除に苦しみ，抵抗を続けてきた数えきれない人々の歴史の上に成り立っているものであることを理解しなければならない。

　さて，世界人権宣言はすべての国のすべての人を対象にした権利のリストとして採択された。しかし，宣言である限り，法的拘束力はない。そこで，国連は普遍的な人権の保障をより積極的に推進するために，法的拘束力を持つ条約を作成した。これまで，世界人権宣言を基礎にした27の国際条約が採択されている。たとえば，「子どもの権利条約」や「女性差別撤廃条約」などである。日本は現在，22の「国際人権条約」に批准・加入している（表6-1）。

3　権利とは何か

　公益社団法人アムネスティ・インターナショナル日本は，次のように権利と人権の違いを説明している。「『人権』というものは，言葉が示すとおり，権利の一種です。では，そもそも権利とは何でしょうか？　実は，人権を正しく理解するには，『権利』というものをしっかりと理解することが重要になってきます。（中略）権利とは『社会全体が護るべき基準（ルール）にのっとり，求めることができるもの』ということができます。似たような概念として，『道徳』や『倫理』といったものが挙げられます。ただし，『権利』が両者と決定的に異なる点があります。それは，『（誰かに）実現することを要求できる』という点です。権利については，実現しなくてはならない責任者がいるのです」。ここから，人権は権利の一種であり，その人権を含む「権利」には，主体者と責任者がいるということがわかる。そして，「権利」が守られない場合には，主体者は責任者に対し，「権利」の実現を「要求する」ことができることを表している。

　さらに，日本国憲法においても，同様の内容が明記されている。たとえば，先に挙げた第13条では，「個人の尊厳の保持」は，「国政の上で，最大の尊重を必要とする」とあり，責任者は「国」であることがわかる。さらに第25条第1項では，「すべて国民は，健康で文化的な最低限度の生活を営む権利を有する」とし，第2項では，「国は，すべての生活部面について，社会福祉，社会保障及び公衆衛生の向上及び増進に努めなければならない」（下線は筆者）とし，国民の権利を実行する義務は国にあると明確に規定している。

　日本国憲法第3章では，第10条から第40条までの31条にわたり，国民の権利と義務が規定されている。前述の第13条「個人の尊厳の保持」と呼ばれる条文は，ほかにも「幸福追求権」と呼ばれ，それがゆえにこの第13条は，すべての人権の根底を支える「基底的権利」とも呼ばれている（あるいは，「包括的基本権」とも呼ばれる）。「幸福追求権」とは，国民自らが，幸福を追求する権利を有することを認めたものである。この第13条の「幸福追求権」の上に，第19条

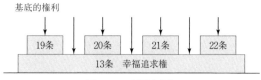

図6-2　幸福追求権

出所：郷原豊茂（2011）『郷原豊茂の憲法まるごと講義生中継──
国家一般職・地方上級レベル対応』TAC出版事業部，60頁。

「思想及び良心の自由」，第20条「信教の自由」，第21条「集会，結社及び表現
の自由と通信秘密の保護」，さらに第22条「居住，移転，職業選択，外国移住
及び国籍離脱の自由」といった「自由権」を定める条文が上乗せされていると
考えることができる（図6-2）。

　さらに，日本国憲法第11条では，「基本的人権の享有」が掲げられており，
国民が有し，憲法が保障しているあらゆる権利は，「侵すことのできない永久
の権利」とも位置づけられている。

　日本国憲法ではこのように国民のさまざまな権利が具体的に保障されており，
そのことが憲法の存在意義であるといえよう。

4　権利擁護はなぜ必要か

（1）権利擁護の歴史的背景

　第二次世界大戦の終戦以降における高度経済成長の中，経済発展に後押しを
されて，「福祉六法体制」（1964年）の成立や「国民皆保険・皆年金」（1961年）
の実現，経済的困窮を抱えた一部の高齢者だけでなくすべての高齢者を対象と
した「老人福祉法」（1963年）の成立などにより，日本は社会福祉を発展させて
きた。

　そして1973（昭和48）年，政府により「福祉元年」が宣言され，「老人医療費
無料化」がなされたが，同年，第一次オイルショックを契機として，経済低成
長時代を迎え，財政支出の抑制や「小さな政府」づくりを目指す行政改革を背
景に，社会福祉の見直しが求められるようになる。1979（昭和54）年に閣議決
定された「新経済社会7か年計画」では，「自助・共助」を基礎とし，公的福

祉の効率化を目指す「日本型福祉社会」が打ち出され，激増する「社会保障費」の軽減を図ることとなった。

　このような歴史的背景のもと，1990年代になり高齢化が進行し，平均寿命が世界トップに躍り出る中，同時に「寝たきり老人」や「痴呆（認知症）老人」の問題や入所型施設を中心に障害者や児童への虐待等が社会問題化するようになる。かつては「痴呆老人」と呼ばれた「認知症高齢者」のみならず，成長が未発達な児童や，判断能力が不十分な知的障害者・精神障害者らを対象とした権利擁護に関する対策が急務であることが各方面よりさけばれるようになり，日本における社会福祉基礎構造改革が求められることとなった（社会福祉基礎構造改革以降における権利擁護については後述する）。

（2）権利擁護の内容

　「権利擁護」の言葉からは，高齢者を「オレオレ詐欺」等から守ることや，財産の管理を行うこと，さらに障害者や児童を虐待から守ることなどがイメージされるかもしれない。

　しかし，ここまで見てきたように「人権」は人が生まれながらに持つ普遍的な権利であり，それはあらゆる場面や視点で，護られなければならないものとして存在する。

　具体的には，まず，憲法で挙げられる権利について，第13条の「幸福追求権」や第25条の「生存権」，さらに「労働三権」や「選挙権・被選挙権」など，31個の基本的人権が規定されていることはすでに述べた。ということは，すべての日本国民は憲法のもとで31個の権利を平等に有していなければならないはずである（ただし，「公共の福祉」という限界はある）。それらが，ある人において侵害されている場面があるのだとすれば，その人のために「権利擁護」は機能しなければならないといえる。しかし，その範囲はあまりにも広く，そして厳密に見ていくと必ずしも権利が守られているとはいえない事態は数多く存在する。そのために，法律の専門家である弁護士や司法書士らが存在するのと同様に，社会福祉士・精神保健福祉士は存在するはずである。では，法律の専門家とソーシャルワーカーの間には，役割上，どのような線引きがなされているの

だろうか。

　たとえば，憲法で保障されている基本的人権が護られていない場合は，国家権力や行政に対抗する必要があり，その場合は主として法律家らによる働きかけが必要だと考えられる。一方，介護保険法や障害者総合支援法などの法律において護られるべき権利についてはまず，社会福祉士が被害者の代弁を行わねばならない場合が多いと考えられる。さらに，憲法上の基本的人権に関する侵害に関しても，たとえば対象がサービス利用者である場合は，生活におけるはじめの気づきは，ソーシャルワーカーらによるものであり，それが契機となることが考えられる。このように，ソーシャルワーカーは「権利擁護」の専門家として，法律家らと肩を並べて「アドボケーター」としての役割とスキルを発揮すべき存在であり，（そういった意味では，重なる部分はあれ，介護保険制度上の介護支援専門員とは根本的に存在意義が異なる役割のはずである）だからこそ，憲法をこれまで以上に確実に，学び続ける必要があると考える。

　憲法では規定されていない新たな人権に関する問題も次々と起こり，常に議論され続けている。たとえば，「プライバシー権」「肖像権」「名誉権」「環境権」「自己決定権」などが存在する。プライバシー権とは「自己の生活をみだりに公開されない権利」といえる。肖像権とは，「本人の承諾なしにみだりにその容貌，姿態を撮影・公開されない権利」といえる。「自己決定権」は新たな人権といわれているものの一つであるが，社会福祉においては，根本原理ともいえる重要な概念である。「その人の人生において主人公は最後までその人でなければならない」との考えのもと，専門家としての知識や情報に圧倒的な差がある場合においても，その人を差し置いて勝手な決めつけや思い込み，あるいは専門家の驕りによって判断を下すことは可能な限り避けるべきである（「自己決定」について詳細は後述する）。

　さらに，久田則夫[1]は，利用者主体の社会福祉サービスを実行するために護るべき8つの権利を表6-2のように挙げている。これらは，サービス利用者の権利として挙げられたものであるが，さまざまな実践場面で常に最重要視されるべき事項だといえよう。2）・3）は，当事者がどのような状態であっても常に本人主体の質の高いサービスを受ける権利を有するということ，そのため

表6-2　利用者主体の社会福祉サービスを実行するための護るべき8つの権利

1）地域社会で生活する権利	5）わかりやすい情報提供を受ける権利
2）個別ケアを受ける権利	6）意見・質問・苦情を表明する権利
3）質の高いサービスを受ける権利	7）プライバシーの保護に関する権利
4）自己決定・自己選択する権利	8）自己尊重の念と尊厳を維持する権利

出所：久田則夫（1997）「社会福祉における権利擁護の視点に立つ新たな援助論──『利用者主体の
　　　サービス』の実現を目指して」『社会福祉研究』70，46〜58頁。

には，4）・7）・8）が基盤となること，そして提供されるケア等が本人の意
思と異なるものである場合は，6）のように，申立てをする権利があること，
そのためには1）の通り，自律した生活が継続できる環境や，5）「知る権利」
を尊重すること等，このように8つのどれが欠けても権利は十分に護られない
ものであることがわかる。

5　権利擁護とソーシャルワーク

（1）ソーシャルワークにおける権利擁護

　社会福祉における権利擁護を考えるうえで，不可欠な2つのガイドラインが
存在する。一つは，日本ソーシャルワーカー連盟代表者会議において2020（令
和2）年に改訂（2005年に社会福祉専門職団体協議会代表者会議が制定したものを改
訂）された「ソーシャルワーカーの倫理綱領」である。もう一つは，国際ソー
シャルワーカー連盟（IFSW）総会および国際ソーシャルワーク学校連盟
（IASSW）総会において2014年に採択された「ソーシャルワーク専門職のグ
ローバル定義」である。

　「ソーシャルワーカーの倫理綱領」の前文には，「われわれソーシャルワー
カーは，すべての人が人間としての尊厳を有し，価値ある存在であり，平等で
あることを深く認識する。われわれは平和を擁護し，社会正義，人権，集団的
責任，多様性尊重および全人的存在の原理に則り，人々がつながりを実感でき
る社会への変革と社会的包摂の実現をめざす専門職であり，多様な人々や組織
と協働することを言明する」と述べられている。さらに，「ソーシャルワーク
専門職のグローバル定義」では，「ソーシャルワークは，社会変革と社会開発，

社会的結束，および人々のエンパワメントと解放を促進する，実践に基づいた専門職であり学問である。社会正義，人権，集団的責任，および多様性尊重の諸原理は，ソーシャルワークの中核をなす。ソーシャルワークの理論，社会科学，人文学，および地域・民族固有の知を基盤として，ソーシャルワークは，生活課題に取り組みウェルビーイングを高めるよう，人々やさまざまな構造に働きかける。この定義は，各国および世界の各地域で展開してもよい」と示されている。

　「ソーシャルワーカーの倫理綱領」では，「すべての人が尊厳を有し，平等である」こと，「平和の擁護や人権・多様性の尊重」などを原則とし，「社会変革とソーシャルインクルージョンをめざす」ことを言明している。これらを含めながら，「グローバル定義」では，「エンパワメントと解放」，さらに「生活課題に取り組みウェルビーイングを高める」といった方法論にまで言及している。

　すなわち，ソーシャルワーカーが実践する権利擁護では，まず，人権と社会正義の擁護および保持を基盤において，あらゆる人を唯一無二の存在としての尊厳を有するよう支援することを目指すこと，そのためにもウェルビーイングの増進とクライエントの自己実現をかなえるよう環境に働きかけること，このことが社会福祉実践における権利擁護であるといえよう。

（2）地域共生社会における権利擁護

　現在，地域包括ケアシステムの構築・推進そして深化を目指す中，団塊ジュニアが高齢期に入る2040年を見据えて，「地域共生社会」の実現を目指す取り組みがすでにスタートしている。主として高齢者を対象としてきた「地域包括ケアシステム」から，「高齢者のみならず，生活上の困難を抱える障害者や子どもなどが地域において自立した生活を送ることができるよう，地域住民による支え合いと公的支援が連動し，地域を『丸ごと』支える包括的な支援体制を構築し，切れ目のない支援を実現する」ことを最重要課題としている。[2]

　そして，2019（令和元）年12月に厚生労働省「地域共生社会推進検討会」により「地域共生社会に向けた包括的支援と多様な参加・協働の推進に関する検討会」の最終とりまとめが発表された。その中で，「地域共生社会」の理念を，

「制度・分野の枠や,『支える側』『支えられる側』という従来の関係を超えて, 人と人, 人と社会がつながり, 一人ひとりが生きがいや役割をもち, 助け合いながら暮らしていくことのできる, 包括的なコミュニティー, 地域や社会を創るという考え方」としている。さらに,「福祉政策の新たなアプローチ」として３点挙げられた。すなわち, ①一人ひとりの生が尊重され, 複雑かつ多様な問題を抱えながらも, 社会との多様な関わりを基礎として自律的な生を継続していくことを支援する機能の強化, ②具体的な問題を解決するアプローチと「つながりを続けることを目指すアプローチ」の２つのアプローチを支援の両輪とする, ③専門職による「伴走型支援」と「地域住民同士の支え合いや緩やかな見守り」の双方の視点の重視である。

　さらに「３つの支援について」として,「断らない支援」「参加支援」「地域づくりに向けた支援」が挙げられた。「断らない支援」としては属性にかかわらず, あらゆる問題を受け止める相談支援体制が求められ,「参加支援」は, 本人の状態に合わせ, 地域資源を活かしながら, 社会とのつながりを回復する支援,「地域づくりに向けた支援」は地域社会からの孤立を防ぎ, 地域における多世代の交流や多様な活躍の機会と役割を生み出す支援が求められている。

　ソーシャルワーカーは地域共生社会のキーパーソンとなるべく, 自らの変革が求められている。いかに,「支える側」と「支えられる側」を超えていくのか,「具体的な問題解決」のみならず, 持続可能な「伴走型支援」とはどうあるべきか, これらの課題を考えてみると, 先に述べた「自己決定権」や「知る権利」の重視が必須であろう。そのうえで, 複雑な課題を抱える当事者と同じ目線に立ち, 本人の力を信じ, エンパワメントしていくこと, 判断能力が不十分な当事者にはその声なき声を明確化し, 代弁していくこと等が継続的に求められている。

注

(1)　久田則夫（1997）「社会福祉における権利擁護の視点に立つ新たな援助論——『利用者主体のサービス』の実現を目指して」『社会福祉研究』70，46〜58頁。

(2)　厚生労働省「我が事・丸ごと」地域共生社会実現本部（2017）「『地域共生社会』の実現に向けて（当面の改革工程）」6頁。

参考文献

郷原豊茂（2011）『郷原豊茂の憲法まるごと講義生中継——国家一般職・地方上級レベル対応』TAC出版事業部，60頁。

人権教育指導者用手引き編集委員会編（2004）『気づく・学ぶ・広げる——人権教育指導者用手引き』和歌山県教育委員会。

糠塚康江・吉田仁美（2012）『エスプリ・ド憲法』ナカニシヤ出版。

マズロー，A.H.／小口忠彦訳（1987）『人間性の心理学——モチベーションとパーソナリティー（改訂新版）』産業能率大学出版部。

一問一答　　　　　　　　　　　　〇か×か，答えてみよう。解答は215頁を参照。

1．「地域共生社会に向けた包括的支援と多様な参加・協働の推進に関する検討会」最終とりまとめにおいて示された3つの支援とは，「断らない相談支援」「参加支援」「地域づくりに向けた支援」である。　　　　　　　　　　　（　　）

2．「代弁する人」を意味する「アドボケーター」としての専門職は，社会福祉士，精神保健福祉士に限られる。　　　　　　　　　　　　　　　　　　（　　）

3．ソーシャルワークにおける権利擁護のガイドラインとして「ソーシャルワーカーの倫理綱領」と「ソーシャルワーク専門職のグローバル定義」が挙げられる。　　　　　　　　　　　　　　　　　　　　　　　　　　　　（　　）

4．マズローの欲求階層説における最上位は「承認の欲求」であり，人間はどのような状況に陥っても，その欲求を満たそうとする存在であるといえる。（　　）

5．2020（令和2）年に改訂された「ソーシャルワーカーの倫理綱領」には「われわれソーシャルワーカーは，すべての人が人間としての権利を有し，価値ある存在であり，平等であることを認識する」と述べられている。　　　　　（　　）

第7章

福祉サービスの適切な利用

　わが国においてはさまざまな理由により，1990年代後半になって，社会福祉の在り方を抜本的に変革しようとする「社会福祉基礎構造改革」が進められるようになった。その改革の柱は，措置制度から契約制度への利用制度の転換と自由競争を取り入れることでの福祉サービスの質の向上にあった。その中でも本章では，利用制度について考える。特に2000（平成12）年に改称されて成立した社会福祉法において，かなり具体的に踏み込んで規定されることとなった「福祉サービスの適切な利用」の内容に関して解説する。それらを通して，福祉サービス利用者が，自己選択，自己決定し，自ら契約を行うために必要な支援とは何かを考えることを目指す。

1　社会福祉基礎構造改革と権利擁護

　1990年代後半になり，世帯構造の変化や猛スピードで加速する高齢化などにより，あらゆる社会福祉サービスへの需要が増大し，日本では社会福祉を根本から変革する「社会福祉基礎構造改革」の必要性が高まった。そこで，1995（平成7）年，政府の経済計画である「構造改革のための経済計画——活力ある経済・安心できるくらし」において，「市民の側が保育所を選択するシステムの導入」が記され，これまで市町村が主体となって決定されてきた保育所の入所措置の形態から，「保護者による選択による申請」後に市町村がサービスを提供する形となった。

　さらに，規制緩和として市町村や社会福祉法人だけでなく，NPO 法人，株

式会社等による保育所の設置が認められるようになった。

　そして，1997（平成9）年，厚生省（現在の厚生労働省）社会・援護局長の私的検討会である「社会福祉事業等のあり方に関する検討会」は，これからの社会福祉の方向性として示した4つの改革が，以下の①〜④である。①利用者とサービス供給者との対等な関係の確立，②地域における福祉・保健・医療サービスへの参入促進，③多様な供給主体による福祉サービスへの参入促進，④適正な競争を通じた良質なサービスの効率的な提供。

　1998（平成10）年には，社会福祉基礎構造改革の検討過程として，中央社会福祉審議会の社会福祉構造改革分科会において「社会福祉基礎構造改革（中間まとめ）」（以下，「中間まとめ」）が示された。「中間まとめ」では，社会福祉の理念とは，「個人が人としての尊厳をもって，家庭や地域の中で，障害の有無や年齢にかかわらず，その人らしい安心のある生活を送れるよう自立を支援すること」とした。

　「中間まとめ」における基本的方向性は次の7つである。①サービスの利用者と提供者の対等な関係の確立，②個人の多様な需要への地域での総合的な支援，③幅広い需要に応える多様な主体の参入，④信頼と納得が得られるサービスの質と効率性の確保，⑤情報公開等による事業運営の透明性の確保，⑥増大する費用の公平かつ公正な負担，⑦住民の積極的な参加による福祉の文化の創造。

　これらから，かつての行政機関の措置決定によるサービス提供から，利用者側と提供者側の対等な関係構築の上に成り立つ，サービス利用契約に基づく福祉サービスの利用が示された。さらに，情報公開や多様な主体の参入促進により，提供者側の自由競争が生まれ，そのことによるサービスの質の確保が求められるようになった。

　そして，2000（平成12）年，「社会福祉の増進のための社会福祉事業法等の一部を改正する等の法律」が施行され，従来の「社会事業法」を「社会福祉法」に改称する等の8本の法律改正が進められ，これが現行制度への礎となった。

　ここまでをまとめると，社会福祉基礎構造改革によって福祉サービスは措置から契約による利用方式へと転換され，利用者は自らサービスを決定するとい

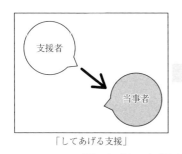

「してあげる支援」　　　　　　　　「伴走型支援」

図7-1　「してあげる」支援から「伴走型」支援へ
出所：筆者作成。

う支援する側と対等な関係のうえで契約を結ぶ方式に変わるということである。さらにいうと，「してあげる，してもらう」関係から，「同じ方向を向いて伴走する」援助関係への転換を示す（図7-1）。

　このように，社会福祉基礎構造改革によって示された基本理念が「社会福祉法」等において具現化されていくことになり，さらに福祉サービスの適切な利用について，福祉サービス利用者の権利擁護に関する規定が盛り込まれるようになった。

　このことは，従来の援助関係の見直しから，実際に対等な関係を確立するために，利用者の真のニーズを把握しながら，そのニーズに合ったサービスの提供を行うという，まさにさまざまな権利擁護実践（代弁，エンパワメント，個別化，ストレングス視点等）を活用して実行していく必要があることを意味する。

　そうすることではじめて，サービス利用者が住み慣れた地域において，自分らしい安心した生活を送ることを可能にするのである。

2　社会福祉法における「福祉サービスの適切な利用」

　契約を前提とする福祉サービスの利用において，正しい情報が利用する側になければ，そもそも自己決定・自己選択による契約を行うことは困難である。そこで，1951（昭和26）年に施行された社会事業法を改称し，2000（平成12）年に成立した社会福祉法の第8章「福祉サービスの適切な利用」には，次のよう

な仕組みが規定されている。

（1）情報の提供

　まず，第75条「情報の提供」では，「社会福祉事業の経営者は，福祉サービス（中略）を利用しようとする者が，適切かつ円滑にこれを利用することができるように，その経営する社会福祉事業に関し情報の提供を行うよう努めなければならない」としている。

　ここでは，利用者による福祉サービスの選択・決定においては，その情報が鍵となることがわかる。しかし，支援が必要な利用者であればこそ，身体・精神・知的な面等で困難さを抱えているために，福祉サービスを必要としている。このため，その情報には工夫がなされ，かつ丁寧な説明や提供がなされなければ，そういった利用者には正しい情報は届かないことになる。この第75条の「情報の提供」には，国や地方公共団体の義務についても「国及び地方公共団体は，福祉サービスを利用しようとする者が必要な情報を容易に得られるように，必要な措置を講ずるよう努めなければならない」とあり，その一例として，厚生労働省のウェブサイト上には，「介護事業所・生活関連情報検索」として，介護サービスの情報公開システムが用意されている。

　そのほか，第78条「福祉サービスの質の向上のための措置等」や第79条「誇大広告の禁止」が挙げられ，「誇大広告の禁止」では，「社会福祉事業の経営者は，その提供する福祉サービスについて広告をするときは，広告された福祉サービスの内容その他の厚生労働省令で定める事項について，著しく事実に相違する表示をし，又は実際のものよりも著しく優良であり，若しくは有利であると人を誤認させるような表示をしてはならない」とある。このように，福祉サービス利用者に誤解を招くような誇大広告は，禁止されている。

（2）利用契約の申込時の説明と成立時の書面の交付

　次に第76条「利用契約の申込み時の説明」，第77条「利用契約の成立時の書面の交付」について考える。第76条では，「社会福祉事業の経営者は，その提供する福祉サービスの利用を希望する者からの申込みがあつた場合には，その

者に対し，当該福祉サービスを利用するための契約の内容及びその履行に関する事項について説明するよう努めなければならない」とあり，福祉サービス利用希望者に対し，契約内容を事前に説明すること，さらに契約の履行に対しても説明する義務がサービス提供側にあることを示している。福祉サービスを受けるということは，支援が必要な者がその生活を支えてもらうための契約である。事前の情報が不十分なまま契約を結び，サービスの提供，すなわち直接支援を受けてから「こんなはずではなかった」などのようなミスマッチが起きると，新たな事業者を見つけるまでの期間が相当に困難さを感じるものとなるに違いない。そういったことを防ぐためにも事前の情報を確実に得ておくことが重要である。

（3）福祉サービスの質の向上のための評価

　第78条「福祉サービスの質の向上のための措置等」では，「社会福祉事業の経営者は，自らその提供する福祉サービスの質の評価を行うことその他の措置を講ずることにより，常に福祉サービスを受ける者の立場に立って良質かつ適切な福祉サービスを提供するよう努めなければならない」としている。このことは，福祉サービスを提供する側の事業者には，自ら提供するサービスの自己評価を行うことにより，利用者本位のより良質なサービスを提供する努力義務があることを示している。

　しかし，自己評価だけでは，主観的になり客観性が乏しいものに終始してしまうおそれがある。そこで求められるものが「第三者評価」である。第78条第2項では，「国は，社会福祉事業の経営者が行う福祉サービスの質の向上のための措置を援助するために，福祉サービスの質の公正かつ適切な評価の実施に資するための措置を講ずるよう努めなければならない」とし，国による「公正かつ適切な評価の実施」への努力義務を定めており，これによって国は第三者評価を推進するための評価基準の策定や質の評価を実施する仕組みの整備を義務づけられている。さらに，国は都道府県に対し，「『「福祉サービスの第三者評価事業に関する指針について」の全部改正』の一部改正について」（2018年）の通知を発出し，福祉サービスの第三者評価事業の目的等について，「利用者

の適切なサービス選択に資するものともなり得る」としている。

　すなわち，第三者評価も重要な情報であり，サービス提供側の情報として活用されることで，福祉サービスの適切な利用につながるものであることがわかる。

3　福祉サービスを自己選択・自己決定するための支援

（1）高齢者福祉分野について

　1995（平成7）年7月，社会保障審議会は，「社会保障体制の再構築」を勧告し，「制度の運用に要する財源は主として保険料に依存する公的介護保険制度を基盤にすべきである」と表明した。また，1996（平成8）年4月には，老人保健福祉審議会が高齢者介護に関する審議の最終報告として，介護保険制度の全体像を表した。その後，市町村，与党内，全国市長会等でさまざまな議論がなされたうえで，1997（平成9）年介護保険法が成立に至った。介護保険制度以前は，利用者および家族が市町村において，福祉サービスの利用申請を行い，それを受けて市町村が措置決定し，市町村の指示を受けた事業所がサービス提供を行うという仕組みであった。介護保険制度においては，利用者・家族による介護保険の申請は市町村が受けるものの，市町村による介護認定が下りた後は，利用者・家族は居宅介護支援事業所の介護支援専門員（ケアマネジャー）に相談し，サービス利用計画（ケアプラン）の作成をし，それに基づいて利用者・家族が各サービス事業所と利用契約を結ぶ仕組みへと大きく変化した。すなわち，利用者本人や家族がサービス内容を吟味することができるようになったこと，さらにそれら事業所と直接契約を結ぶことができるようになったことは，重要なポイントである。

（2）障害者福祉分野について

　2003（平成15）年度になり，身体障害者，知的障害者，障害児による福祉サービスの利用が，今までの「措置制度」から「支援費制度」に転換されることになった。これは，サービスの利用を希望する障害者が，まず，都道府県知

事の指定した指定事業者・施設に直接サービス利用を申し込み，並行して，市町村に支援費の支給申請を行うという仕組みである。申請を受けた市町村は，障害のレベルや生活環境，さらに他のサービスの受給状況を鑑みて支給決定を行う。それに基づき，サービス利用者が事業所と利用契約を結ぶこととなった。

　しかし，支援費制度の導入によってサービス利用者が増加したことなどにより，財源の確保が困難になったほか，地域ごとのサービス提供の格差や障害種別（身体障害，知的障害，精神障害）間の格差が生じるなどの問題が指摘されるようになった。これらの問題を解消するために，2005（平成17）年には，障害者自立支援法が制定され，翌年施行となった。ところが，この法律は施行当初からさまざまな指摘がなされ，たとえば，サービスの必要性を図る基準である「障害程度区分」が障害特性を十分に反映していない点や，応益負担による自己負担増によりサービス受給が困難になるケースなどが取り上げられ，2010（平成22）年には，応益負担（一律，1割の自己負担）から原則として応能負担（収入に見合った自己負担）へと法律改正がなされるに至った。

　さらに2012（平成24）年には，障害者自立支援法を改称して，「障害者の日常生活及び社会生活を総合的に支援するための法律」（障害者総合支援法）が成立し，「共生社会の実現」や「可能な限り身近な地域で必要な支援を受けられる」という基本理念を定めた法律として2013（平成25）年に施行された。

（3）サービス利用の対象者と利用者による自己選択・自己決定の尊重

　前述のように，高齢者分野においても障害者分野においても，現在では利用者が福祉サービスを自己選択・自己決定し，直接契約を結ぶ制度になっている。特に障害者分野では，対象の範囲は広がり（表7-1），今では，身体障害者，知的障害者，精神障害者，発達障害のある人，難病罹患者（358疾病），障害児（入所・通所は除く）となっている。高齢者においては，認知症等が原因で生活上に多くの困難を抱えている人も福祉サービス利用者として急増している。このように見てくると，病気や障害により，判断能力や日常生活等に不安を抱えるなどの理由により，サービス利用を希望している人が一定以上を占め，現在の法律では利用者自身が直接自己選択・自己決定およびその先の契約を結ぶこ

表7-1　障害分野における制度対象者の変遷

制度・法律	対象となる障害分野
支援費制度	身体障害，知的障害
自立支援法	身体障害，知的障害，精神障害
自立支援法改正（2010年）	身体障害，知的障害，精神障害，発達障害
総合支援法	身体障害，知的障害，精神障害，発達障害，難病（358疾病）

出所：浅井春夫（1999）『社会福祉基礎構造改革でどうなる日本の福祉』日本評論社を参考に筆者作成。

とを前提としている。

　福祉サービスが措置制度から契約制度へ転換していき，自己選択や自己決定が重要視されることは，利用者自身のためにも利用者中心の社会福祉を具現化するためにも，大変意義のあることといえる。しかし，そのことは同時に自分の生活，ひいては，人生を自分で決めること，さらに自分が決めたことに自己責任を負うことが含まれている。

　それでは，サービス利用者のすべてが，適切に自己選択，自己決定を行えるか，さらにその先にある自己責任を負いきれる力を持ち得ているのかというと，先に述べたように，むしろそうでないからこそ福祉サービスによる支援が必要な人が多く存在するはずである。しかも，現在，疾病や障害により判断能力等が低下していることが要因で自己決定・自己選択が行えない人ばかりではなく，中には本来その力を持ち得ているが，それまで置かれてきた環境や生活歴の中で行えなくなっている人や行ってはならないと考えている人も含まれる。その人たちの存在を見逃すことなく，ソーシャルワーカーは，権利を主張することや自分らしく生きることを諦めなくてよいことを，エンパワメント・アプローチ等を援用しながら伝え，当事者への働きかけを継続的に行うことが望まれる。

　さらに，何らかの障害・疾病等により，判断能力が不十分な福祉サービス利用希望者等のために，現在では，「日常生活自立支援事業」と「成年後見制度」がある。特に2000（平成12）年に成年後見制度の成立に尽力した堀田力は，「介護保険制度と成年後見制度は，車の両輪である。しかし，介護保険制度の方は利用が普及したが，成年後見制度の方はそこまででない。そのことが大きな課題である」と述べている（「日常生活自立支援事業」「成年後見制度」の詳細は第Ⅳ部にて解説する）。

参考文献

浅井春夫（1999）『社会福祉基礎構造改革でどうなる日本の福祉』日本評論社。

財団法人シニアルネサンス財団「成年後見制度——支え合う社会をつくるために」
　（DVD）。

都村尚子（2005）「社会福祉基礎構造改革に伴う介護保険制度の行方」『武庫川女子大
　学大学院臨床教育学研究科研究誌』11。

一問一答　　　　　　　　　　○か×か，答えてみよう。解答は215頁を参照。

1．2000（平成12）年に成立した社会福祉法の第 8 章「福祉サービスの適切な利
　用」には，利用者への経営者側からの情報の提供等について規定されている。
　　　　　　　　　　　　　　　　　　　　　　　　　　　　（　　）

2．社会福祉法第 8 章「福祉サービスの適切な利用」では，利用契約の申込み時の
　説明と成立時の書面の交付がサービス提供側に義務づけられている。　（　　）

3．障害者福祉分野ではじめて契約制度が組み込まれたのは2013（平成25）年に施
　行された障害者総合支援法からである。　　　　　　　　　　　　　（　　）

4．2000（平成12）年に成立した社会福祉法の第78条では「福祉施設の環境の向上
　のための措置等」として，社会福祉事業の経営者や国にその責任があることを規
　定している。　　　　　　　　　　　　　　　　　　　　　　　　　（　　）

5．現在の制度では，重度の認知症の人は，自己決定・自己選択を自らが行うこと
　ができない。　　　　　　　　　　　　　　　　　　　　　　　　　（　　）

第8章

苦情解決の仕組み

福祉サービスといえば，障害者や高齢者，子どもなどが福祉施設を利用したり，在宅のサービスを利用したりすることをイメージする人が多いだろう。しかし，福祉サービスのカバーする領域はもっと広範囲にわたる。たとえば，生活困窮者の就労訓練や生活資金に関するサービス，養子縁組のあっせん，ひとり親家庭への身の回り等の日常生活支援，障害者への生活相談や各種訓練などを含む，社会福祉事業全般にわたるサービスである。

本章では，これらの福祉サービスを利用するにあたって，利用者が何らかの苦情を抱えた場合どこへ申し出ればいいのか，申し出た後はどのような対応となるのかといった苦情解決の仕組みを理解していく。その際，高齢者が利用することの多い介護保険サービスでは，介護保険制度独自の苦情解決の仕組みがあることも確認しながら，全体の概要を押さえていこう。

1 苦情解決制度の背景

一人ひとりが尊厳を持ってその人らしい自立した生活が送れるように支えるという社会福祉の理念に基づいて，前章で挙げた社会福祉基礎構造改革が2000（平成12）年に行われた。その改革では利用者の立場に立った社会福祉制度を構築することが掲げられ，福祉サービスは利用制度が措置から契約へと変化した。それまで行政が決定していたサービス内容やサービス提供先を，自分で選び利用することができるようになったのである。

自分で選びサービスを利用するまでの過程では，さまざまな判断が必要にな

る。たとえば，自分の求める支援にはどのサービスが合うのか，いくつもの事業者からどこを選ぶのか（そこでは具体的に何が提供されているのか）など，一つひとつを判断して契約に至る。また，契約した後，利用したサービスが事前に聞いていた内容と違っている，提供されているサービスに納得がいかない，疑問が生じたなどの場合は，事業者等に申し出て，調整していかなければならない。

　利用するサービスを自分で選ぶということは，生活の在り方を自分の意思で決めていくという主体的な生活の確立につながる。一方で，選択に責任を持ち，内容に疑義が生じた場合は自らそれを解決していくことが求められる。

　福祉サービスの契約は，利用者と事業者の両者が対等な立場で行われるものである。しかしながら，何らかの支援が必要である福祉サービスの利用者は，理解が十分にしづらかったり，疑問や不満があっても意思表示しづらかったりすることも多い。また，持っている情報の質や量，交渉力などにおいて，利用者と事業者との間には差がある。対等な立場での自己選択を実現していくには，その差を補完する支援が不可欠となる。社会福祉基礎構造改革では，利用制度の変更とともに利用者保護の仕組みも創設され，権利擁護および苦情解決の制度が導入された。

　苦情への対応は，受けている（もしくはこれから受けようとする）サービスに対して利用者が疑問や不満を感じることに端を発する。申し出たときにはすでにネガティブな感情を抱えており，事態がそれ以上こじれないように，より慎重に解決へ向けた対応を進める必要がある。その過程は，利用に至るまでの契約以上に，多くの情報を取り扱い，細かな判断を迫られる場面も多い。疑問や不満はあるものの「どうしたらいいかわからない」「申し出たら関係がさらにこじれて事態がもっと悪くなるのではないか」「専門的な話ばかりで何を言っているのかわからない」と感じるなど，さまざまなハードルがある。だからこそ，苦情解決における伴走者の存在意義は大きい。利用者の尊厳を守っていくために，福祉専門職は福祉サービスの苦情解決の仕組みを理解し適切にサポートすることが求められる。

2　苦情解決に関する仕組みの概要

（1）福祉専門職の役割

　福祉サービスの苦情解決に関する仕組みの概要を図8-1に示した。図の通り，利用者は，いくつかある苦情相談窓口のいずれかへ申し出ることになる。利用者にとって選択する幅があり自己決定できる望ましい環境ではあるが，苦情を申し立てる段階からどの窓口にするか判断を迫られ，疑問や不満の解決を利用者が諦めてしまうおそれもある。そうならないようにするには，福祉専門職が単に苦情解決の仕組みを把握するだけでは十分ではない。これらの仕組みを，いかに利用者が理解できる伝え方・方法で情報提供することができるかが問われている。福祉専門職は，利用者の情報アクセス権を保障していく重要な役割も担っていることを忘れてはならない。

（2）事業者による対応

　まず相談していく窓口として，サービスを提供している事業者がある。問題が生じている直接の相手であるため，要因を明確にしやすく，迅速な対応や解決も期待できる。利用者と事業者間での話合いなどによる早期の苦情解決が望まれる。

　事業者の苦情解決は，それぞれの努力や善意で行っているものではなく，責務である。社会福祉法第82条で「社会福祉事業の経営者は，常に，その提供する福祉サービスについて，利用者等からの苦情の適切な解決に努めなければならない」とあり，厚生労働省は苦情解決手順と苦情解決体制を示している[1]。具体的には，施設長や理事が責任者となり，受付担当者は利用者が申出のしやすい職員が担うこと，第三者委員を設置すること等である。第三者委員は，利用者から直接苦情を受け付けることも可能であり，苦情解決のプロセスの密室化を防ぎ，社会性・客観性を確保して，利用者の立場や特性に配慮した対応をする役割を担っており，特に重要な位置づけとなっている。

　介護保険制度の対象となる福祉サービス（以下，介護保険サービス）において

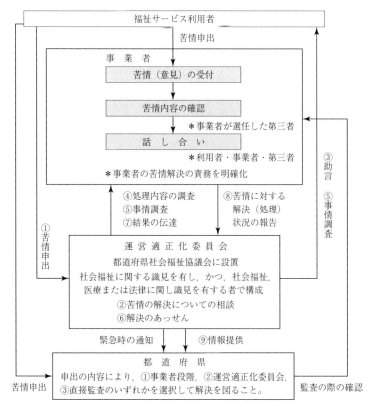

図 8-1　福祉サービスの苦情解決に関する仕組み

出所：静岡県社会福祉協議会「福祉サービスの苦情解決」（http://shizuoka-wel.jp/money/
　　resolution/　2022年5月5日閲覧）。

も，介護保険法の基本理念を踏まえた厚生労働省令で⁽²⁾⁽³⁾，事業者は利用者および
その家族等からの苦情を受け付け，説明を行い，他機関の調査等に協力するこ
となど，迅速かつ適切な対応をするべきであることが明記されている。そのた
め契約の際に利用者への説明とその同意が必要となる「重要事項説明書」には，
苦情受付・解決に関する事項を記載することになっている。

　しかし，苦情を直接事業者に申し出ることがためらわれたり，たとえ事業者
に申し出ることができたとしても思うように対応してもらえないことなども
考えられる。その場合には，以下で述べるほかの相談窓口を活用することが

できる。

（3）自治体による対応

　地域住民にとって，市町村は身近な窓口である。特に事業者へ苦情を申し出にくいと思った場合，市町村へ相談に行く人は多いだろう。介護保険サービスでは，市区町村が第一次的な窓口と位置づけられている。一方，社会福祉法における福祉サービスでは，そういった位置づけとはなっていないため，市町村へ相談すると，利用者は後述する「運営適正化委員会」へ申し出るよう案内されることになる。そのため，以下の内容は福祉サービス全般ではなく，介護保険サービスにおける自治体の動きとなる。

　介護保険サービスの苦情の申出を受けた市町村は，事業者に対して調査や指導，助言を促すといった指導権限を有しており，必要と判断した場合にはそれらの対応を行っていく。さらに都道府県は，市町村やその他の福祉サービス相談窓口に寄せられた苦情等に対して，対応の必要性が認められた場合は事業者へ報告し，聴取等の指導をしたり，その状況によって事業者への改善命令や指定取消し等の行政処分を行っている。

（4）運営適正化委員会による対応

　運営適正化委員会は，福祉サービスの利用者が事業者に直接言いづらい，もしくは自力で解決できない場合の相談窓口となっている。

　運営適正化委員会は，社会福祉法第83条の規定に基づいて，福祉サービスの適切な運営の確保と利用者等からの苦情を適切に解決するために設けられた公正・中立な第三者機関である。社会福祉，法律または医療に関する学識経験を有する者で構成され，全国の都道府県社会福祉協議会に設置されている。

　運営適正化委員会の目的は「福祉サービスの適切な利用又は提供を支援するとともに，福祉サービスの利用者の権利を擁護すること」であり，苦情の範囲は福祉サービスに係る処遇の内容や利用契約に関する苦情等となっている。そして，対象の福祉サービスを「社会福祉法第2条に規定する社会福祉事業において提供されるすべての福祉サービスとすること」と定めている。さらに「運

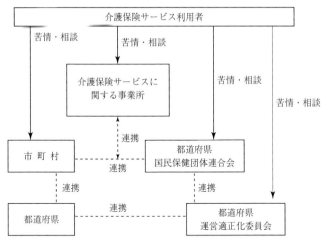

図 8-2　介護保険サービスの苦情解決に関する仕組み

出所：青森県国民健康保険団体連合会「苦情・相談受付体制図」（http://www.
aomoriken-kokuhoren.or.jp/nursingcare.htm　2022年 5 月 8 日閲覧）を一部筆
者改変。

営適正化委員会が必要と認める場合は，対象範囲を拡大することができる」と
もされており[4]，その対象は幅広く多岐にわたっている。

　また，介護保険サービスの第二次的な相談窓口は，次に述べる国民健康保険
団体連合会になるが，介護保険サービスに関する苦情であっても利用者の選択
により運営適正化委員会を活用することもできる[5]。

（ 5 ）国民健康保険団体連合会による対応

　国民健康保険団体連合会（以下，国保連）は，介護保険法第176条第 1 項第 3
号に基づき，利用者からの苦情等を受け付け，公正・中立な立場から事業者へ
の調査を行う。改善の必要がある場合は国保連の中にある苦情処理委員会の意
見を聞いたうえで，指導・助言を行っている。国保連における苦情相談は介護
保険法に基づく仕組みであるため，対象は介護保険サービスに限定される。市
町村や事業者では対応困難な場合，また利用者が国保連の対応を希望した場合
などの相談窓口となっている（図 8-2 参照）。

　国保連は，国民健康保険法第83条に基づき，国保事業の目的を達成するため

各都道府県に設置されている公法人である。国民健康保険や後期高齢者医療などの診療報酬の審査，支払業務や保険者が行う業務の効率化・財政安定化などの共同処理・共同事業等が主な業務である。多岐にわたる業務のうちの一つとして「介護サービスに関する苦情相談」を担っている。

（6）その他の相談窓口

　ここまで見てきたさまざまな相談窓口以外では，「福祉オンブズマン（オンブズパーソン）」があり，それは行政型，単独の施設設置型，民間（市民活動）型など組織形態はさまざまである。また，有料老人ホームやサービス付き高齢者向け住宅等における住まいの相談・苦情について，「全国有料老人ホーム協会」が苦情処理委員会を設置し，問題解決を行っている。

3　苦情解決に関する現状と課題

　実際の福祉サービスにおける苦情件数の推移や苦情内容はどのようになっているのだろうか。全国社会福祉協議会がまとめた「苦情受付・解決の状況　令和3年度　都道府県運営適正化委員会事業　実績報告」（2022年）によると，2021（令和3）年度の都道府県運営適正化委員会に寄せられた苦情の受付・相談件数の合計は約9000件であった。相談件数を除いた苦情受付件数は約5000件となっており，運営適正化委員会を開始した2000（平成12）年度と比較すると約10倍となっている（図8-3）。また，どの分野から苦情受付をしているのかを見てみると，半数近くが障害者分野からの申立てとなっている（図8-4）。

　2021（令和3）年度において，苦情が解決するまでの期間は「初回相談」のみで対応が終結したものが全体の約8割，継続して対応したものが約2割であった。また，苦情の種類は，「職員の接遇」が36.0％で最も多く，次いで「サービスの質や量」18.2％となっており（図8-5），これまでの年次推移を見ても「職員の接遇」が一貫して最も多く，「職員の接遇」と「サービスの質や量」で半数を超える状況が継続している。

　これらの結果をどのように解釈して活かしていくか，福祉専門職の力が問わ

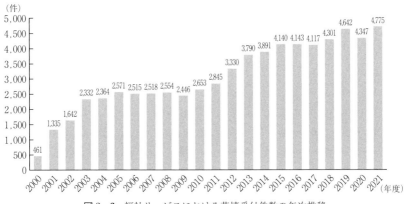

図 8 - 3　福祉サービスにおける苦情受付件数の年次推移

出所：全国社会福祉協議会（2022）「苦情受付・解決の状況　令和 3 年度　都道府県運営適正化委員会事業実績報告」（http://www.shakyo.or.jp/tsuite/jigyo/research/Aunum/unteki/2021unteki.pdf　2023 年5 月20日閲覧）。

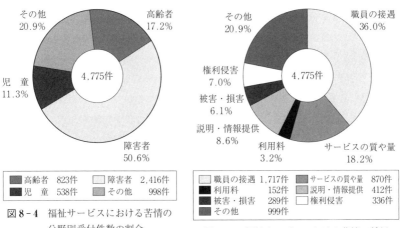

図 8 - 4　福祉サービスにおける苦情の分野別受付件数の割合

出所：図 8 - 3 と同じ。

図 8 - 5　福祉サービスにおける苦情の種類

出所：図 8 - 3 と同じ。

れるところである。あくまで運営適正化委員会に申出のあったものに限った数値であるが，苦情相談内容や解決状況の現状を垣間見ることができるだろう。

　一方，近年の介護現場では，利用者や家族等による介護職員へのハラスメントが問題として取り上げられるようになり，実態調査や対策マニュアルの作成が行われた。苦情を何もかも飲み込むのではなく，内容の妥当性をまず冷静に

コラム　福祉現場でできる「小さくて大きなこと」

　かつて高齢者施設で勤務していたころ，利用者や家族から伝えられた苦情はたくさんあった。ショートステイでは，家族からの「下着が1枚ない」など利用後の忘れ物に関することが一番多かったと記憶している。忘れ物の中には，補聴器など，ないと日常生活が困る高価なものもあり，出勤者全員で深夜まで施設中を探し回ったこともある。また別の家族からは「家にいるときにはなかったあざができている」という苦情など，忘れ物のような取り返しのつくものではない内容もあった。この家族は，職員の虐待を疑ったのではなく，専門職に任せたはずなのに観察が十分でなく報告もないことに対する不満・失望だった。いずれも職員としては反省すべきことであり，当然，改善すべき事案として対策がとられていった。

　利用者本人からの苦情ももちろんある。「いつもお風呂の順番を待たされる」「『すぐ行きます』と言ったのに，いつまで経っても職員が来ない」「今日のおやつを配ってもらえなかった」など，枚挙にいとまがない。命に関わるような重大なことではないにせよ，小さな不満の積み重ねは生活上の快適性に影響する。これらも当然，改善が検討されていった。日々の業務に追われている職員にとって忘れてはならない質の担保に目を向ける機会を，利用者のちょっとした苦情からもらっていたように思う。

　ただ，当時を振り返って一番感じることは，声に出していた人はごく一部であったということである。それ以外の利用者や家族が満足していたか，と問われたら，そうだと言い切れないどころか，声に出さない人たちも，理不尽な状況を我慢したり，不満や不快さを飲み込みながら生活していた人が多かったのではないだろうか。高齢者施設では，身体的・精神的に十分に訴えられない状態の人が多い。福祉専門職は，苦情という形にすらできない利用者が多くいることを前提とした関わり方を考える必要があるだろう。日頃から「困っていることはないですか」等，利用者が言いやすくなるような一言を添えたり，小さな変化に気づいていく。苦情を解決する専門機関でなくても，福祉現場でもできる，小さくて大きな取り組みではないだろうか。

見極める力が必要であり，これまでとは違った課題となっている。

　このように，苦情受付数は増加傾向にあり，苦情解決制度を取り巻く現状は複雑化してきている。ただ利用者も事業者も多様な価値観を持つ人間同士である以上，福祉サービスでの活動を行ううえでの思わぬ行き違いをすべてなくす

ことは難しい。苦情はできれば「避けたいもの」だが，「サービスの質向上につなげられるヒント」にもなるといった本質を忘れず，生じた苦情には真摯に向き合うことが求められる。

　苦情は，解決するための仕組みがあればスムーズに解決できるというものでもない。利用者の苦情の主訴を傾聴し，事業者の状況をわかりやすく伝える努力を惜しまないなど，利用者との対話を丁寧に重ね続ける姿勢が不可欠であることを認識しながら，苦情解決の仕組みをうまく活用していきたい。

注

(1)　厚生労働省（2017）「『社会福祉事業の経営者による福祉サービスに関する苦情解決の仕組みの指針について』の一部改正について」。

(2)　「指定居宅サービス等の事業の人員，設備及び運営に関する基準」（平成11年厚生省令第37号）第36条。

(3)　「指定居宅介護支援等の事業の人員及び運営に関する基準」（平成11年厚生省令第38号）第26条。

(4)　厚生労働省（2017）「『運営適正化委員会における福祉サービスに関する苦情解決事業について』の一部改正について」。

(5)　(4)と同じ，第7-1。

(6)　三菱総合研究所（2019）平成30年度厚生労働省老人保健健康増進等事業「介護現場におけるハラスメント対策マニュアル」。

参考文献

松宮良典（2021）『事例詳解　介護現場における苦情・ハラスメント対応の実務』日本加除出版。

一問一答　　　　　　　　○か×か，答えてみよう。解答は216頁を参照。

1．運営適正化委員会は，福祉サービスに関する苦情について解決の申出があったときは，その相談に応じ，申出人に必要な助言をする。　　　　　　　　（　　）

2．第三者委員の職務は，苦情申出人および事業者への助言だけでなく，苦情申出人と苦情解決責任者の話合いへの立会いも含まれる。　　　　　　　　（　　）

3．都道府県社会福祉協議会は，社会福祉法に基づき，国民健康保険団体連合会を設けなければならない。　　　　　　　　　　　　　　　　　　　（　　）

4．社会福祉事業の経営者は，苦情解決の結果は個人情報に関するものが多いことから，インターネットによる解決の実績の公表は認められていない。　（　　）

5．運営適正化委員会は，福祉サービスに関わる苦情解決を行う機関であるため，介護保険サービスに関わる苦情は受け付けないこととされている。　（　　）

第 9 章

高齢者にまつわる権利擁護の仕組み

　本章では，高齢者の人権が著しく侵害されている事態である「高齢者虐待」の実態と，それを防止するための法律である高齢者虐待防止法について学習する。さらに，高齢者に関する意思決定支援，特に認知症の人への意思決定支援について解説する。

1　高齢者虐待防止法の概要

　高齢者の権利を擁護する仕組みの一つが成年後見制度である。しかし，高齢者の権利擁護を支える仕組みは，成年後見制度だけではない。高齢者の虐待に関連する法制度や，制度利用者（認知症高齢者）について知る必要がある。本節では，高齢者虐待防止法の概要や虐待の種類，近年の高齢者虐待の傾向について概観する。さらに，高齢者虐待は，高齢者が認知症を患うことが発生の大きな原因となり得る。そのため，高齢者への虐待を未然に防ぐために，認知症高齢者の意思決定について学習する。

（1）高齢者虐待防止法の目的
　「高齢者虐待の防止，高齢者の養護者に対する支援等に関する法律」（高齢者虐待防止法）は，高齢者に対する虐待が深刻な状況にあり，高齢者の尊厳の保持にとって高齢者に対する虐待を防止することが極めて重要であること等にかんがみ，高齢者虐待の防止等に関する国等の責務，高齢者虐待を受けた高齢者を保護するための措置，養護者の負担を軽減し高齢者虐待を防止する支援のた

表 9-1　高齢者虐待の種類・内容

ⅰ　身体的虐待：高齢者の身体に外傷が生じ，又は生じるおそれのある暴行を加えること。
ⅱ　介護・世話の放棄・放任：高齢者を衰弱させるような著しい減食又は長時間の放置，養護者以外の同居人による虐待行為の放置など，養護を著しく怠ること。
ⅲ　心理的虐待：高齢者に対する著しい暴言又は著しく拒絶的な対応その他の高齢者に著しい心理的外傷を与える言動を行うこと。
ⅳ　性的虐待：高齢者にわいせつな行為をすること又は高齢者をしてわいせつな行為をさせること。
ⅴ　経済的虐待：養護者又は高齢者の親族が当該高齢者の財産を不当に処分することその他当該高齢者から不当に財産上の利益を得ること。

出所：厚生労働省「高齢者虐待防止の基本」(https://www.mhlw.go.jp/file/06-Seisakujouhou-12300000-Roukenkyoku/1.pdf　2022年6月1日閲覧)。

めの措置等を定め，高齢者虐待の防止，養護者に対する支援等に関する施策を促進し，もって高齢者の権利利益の擁護に資することを目的としている（第1条）。

（2）高齢者虐待防止法の定義

　同法は2005（平成17）年に制定され，翌2006（平成18）年に施行された。同法において高齢者とは65歳以上の者と定義されている（第2条第1項）。

　また，高齢者虐待を，①養護者による高齢者虐待，②養介護施設従事者等による高齢者虐待に分けて，次のように定義している。

　①　養護者による高齢者虐待

　養護者とは，高齢者を現に養護する者であって養介護施設従事者等以外のものとされ，高齢者の世話をしている家族，親族，同居人等が該当する。養護者による高齢者虐待とは，養護者が養護する高齢者に対して行う表9-1に掲げる行為である。

　②　養介護施設従事者等による高齢者虐待

　介護保険法または老人福祉法に規定される養介護施設または養介護事業の業務に従事する職員が行う，表9-1に掲げる行為をいう。また，養介護施設，養介護事業に該当する施設・事業は表9-2の通りである。

表 9 - 2　高齢者虐待防止法に規定されている養介護施設，養介護事業

	養介護施設	養介護事業
老人福祉法 による規定	• 老人福祉施設 • 有料老人ホーム	• 老人居宅生活支援事業
介護保険法 による規定	• 介護老人福祉施設 • 介護老人保健施設 • 介護医療院 • 介護療養型医療施設 • 地域密着型介護老人福祉施設 • 地域包括支援センター	• 居宅サービス事業 • 地域密着型サービス事業 • 居宅介護支援事業 • 介護予防サービス事業 • 地域密着型介護予防サービス事業 • 介護予防支援事業

注：介護療養型医療施設は，2017年度末で廃止となり，新たな受け皿として，介護医療院が創設された。
　　現在運営をしている介護療養型医療施設については，2024年 3 月末をもって全面廃止となる。
出所：筆者作成。

2　高齢者虐待の近年の傾向と対応について

（1）高齢者虐待の近年の傾向

　厚生労働省の調査によると，高齢者虐待と認められた件数は，養介護施設従事者等によるものが2020（令和 2 ）年度で595件，養護者によるものは 1 万7281件である。また，同調査によると，養介護施設従事者による相談・通報件数が2097件，養護者による相談・通報件数が 3 万5774件である（表 9 - 3 ）。

　さらに，2006（平成18）年から2020（令和 2 ）年度までの虐待判断の件数，相談・通報件数の推移は養介護施設従事者等，養護者ともに，概ね右肩上がりであり，増加傾向が読み取れる（図 9 - 1 ，図 9 - 2 ）。

（2）高齢者虐待の対応

　高齢者虐待の防止，早期発見は地域福祉において中心的な課題である。高齢者の虐待は，家族や地域内でのつながりが弱い世帯で発生しやすいと考えられる。これらの世帯が社会の中で孤立せず，社会とのつながりを持てるようなソーシャルワークが必要となっている（図 9 - 3 ）。

　①　養護者による高齢者虐待発見時の対応

　高齢者虐待防止法第 7 条において，高齢者虐待の通報は，「養護者による高

表 9 - 3　高齢者虐待の虐待判断件数，相談・通報件数（令和元年度対比）

	養介護施設従事者等によるもの		養護者によるもの	
	虐待判断件数	相談・通報件数	虐待判断件数	相談・通報件数
令和 2 年度	595件	2,097件	17,281件	35,774件
令和元年度	664件	2,267件	16,928件	34,057件
増　減 （増減率）	−69件 （−7.6%）	−170件 （−7.5%）	353件 （2.1%）	1,717件 （5.0%）

出所：厚生労働省「令和 2 年度『高齢者虐待の防止，高齢者の養護者に対する支援等に関する法律』に基づく対応状況等に関する調査結果（資料 1 ）」（https://www.mhlw.go.jp/content/12304250/000871876.pdf　2022年 6 月 1 日閲覧）より一部筆者改変。

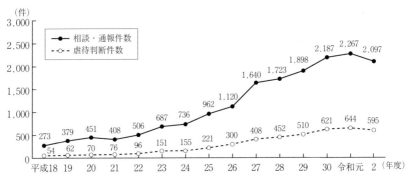

図 9 - 1　養介護施設従事者等による高齢者虐待判断の件数，相談・通報件数の推移
出所：表 9 - 3 と同じ。

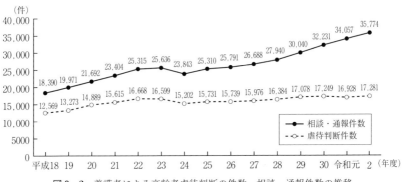

図 9 - 2　養護者による高齢者虐待判断の件数，相談・通報件数の推移
出所：表 9 - 3 と同じ。

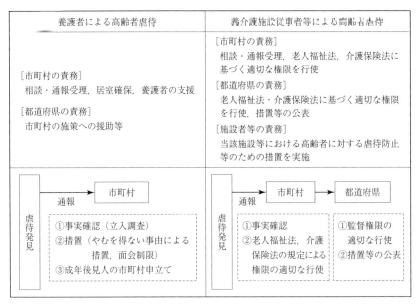

図 9-3　高齢者虐待に関する対応

出所：厚生労働省老健局（2018）「市町村・都道府県における高齢者虐待への対応と養護者支援について」17頁。

齢者虐待を受けたと思われる高齢者を発見」した場合と規定されており，虐待かと思われる段階で通報が可能とされている。また，養護者による高齢者虐待を受けたと思われる高齢者について，発見者からの通報（または高齢者自身による届出）があったときは，市町村は，その事実確認を行い，老人介護支援センター・地域包括支援センターその他の連携協力機関・団体と対応について協議を行う。

　②　養介護施設従事者等による高齢者虐待発見時の対応

　養介護施設従事者等による高齢者虐待については，高齢者虐待防止法第21条において，「高齢者虐待を受けたと思われる高齢者を発見した場合は，速やかに，これを市町村に通報しなければならない」と規定されている。また，当該高齢者の生命または身体に重大な危険が生じている場合においても，市町村への速やかな通報義務がある。

〜〜〜〜〜〜〜〜〜　コラム1　高齢者虐待の推移と身体的拘束について　〜〜〜〜〜〜〜

　高齢者虐待の発生件数の推移は，現在右肩上がりとなっている。こう聞くと，高齢者虐待の発生件数が多くなっていると思うかもしれない。しかし，法律の制定の影響や，養護者，養介護施設従事者等に高齢者虐待防止の視点が醸成されてきていることにより，潜在化していた虐待が顕在化して，件数に表れているとも考えられる。表面上の数字に惑わされることなく，その背景にはどのようなものがあるのかを考える視点を養うことも重要である。

　身体拘束について，実は例外が存在することを知っているだろうか。「切迫性」「非代替性」「一時性」という「身体拘束3原則」があるのだ。切迫性とは，利用者本人または他の利用者等の生命または身体が危険にさらされる可能性が著しく高いことである。非代替性とは，身体拘束その他の行動制限を行う以外に代替する介護方法がないことを指す。これは複数の職員の目で検討する必要がある。一時性とは，身体拘束その他の行動制限が一時的なものであることである。身体拘束は，この3つの要件を満たし，それらの要件の確認等の手続が極めて慎重に実施されているケースに限って，やむを得ないものとされる。

〜〜〜

3　意思決定支援とは何か

（1）意思決定する権利

　私たちが，生活するうえで自分で決定していく事柄はどのくらい存在するのだろうか。たとえば，何を着て出かけるか，誰と会うのか，何を食べるのか，どのような髪型をするのか，どの授業を履修するのか，どんなアルバイトをするのか等々である。生活上のほとんどの事項が，ある程度の年齢を超えると自らが判断し，意思決定していくことの連続ではないだろうか。

　この意思決定が，私たちが憲法第13条で保障されている「基本的人権の尊重」あるいは「幸福追求権」として挙げられている「自由及び幸福追求に対する国民の権利」を前提としている。「自由に生きる権利」を支えるものは，「自らの意思で決定できる」ことであるのは明らかである（もちろん，「公共の福祉」

に反しない限りという制限付きであるが)。

　ところが，憲法において明確に「自己決定権」あるいは「意思決定権」等を
規定した条文そのものは存在しない。しかし，判例を見ると，たとえば「エホ
バの証人輸血拒否事件」（最判2000年2月29日）においては，以下のようなこと
について裁判所の判断が示された。

> 　エホバの証人という宗教団体の信者であったA氏は，手術を要する疾患にかかり，
> 国が運営するB病院に入院。A氏は宗教上の信念から，いかなる場合でも輸血を受
> けないという断固とした意思を持ち，そのことを担当医師にも伝えたうえで入院し
> ていた。しかし，B病院は「輸血以外に，生命の維持が困難な事態に陥った場合は，
> 患者および家族の諾否にかかわらず輸血する」という治療方針をたてており，その
> ことをA氏に説明していなかった。そして，手術中，かなりの出血のため，担当医
> 師は輸血しないと救命できないと判断し輸血を行った。手術は成功したが，A氏は
> 国と担当医に対し，自己決定権侵害で訴えをおこした。

これに対し，最高裁判所は，次のような判決を下した。

> 　患者が，輸血を受けることは自己の宗教上の信念に反するとして，輸血を伴う医
> 療行為を拒否するとの明確な意思を有している場合，このような意思決定をする権
> 利は，人格権の一内容として尊重されなければならない。そして，Aが，宗教上の
> 信念からいかなる場合でも輸血を受けることは拒否するとの固い意思を有しており，
> 輸血を伴わない手術を受けることを期待してB病院に入院したことを担当医師らは
> 知っていたなど，本件の事実関係の下では，医師らは，手術の際に輸血以外には救
> 命手段がない事態が生ずる可能性を否定しがたいと判断した場合は，Aに対し，病
> 院としてはそのような事態に至ったときには輸血するとの方針をとっていることを
> 説明して，B病院への入院を継続したうえ，医師らの下で本件手術を受けるか否か
> をA自身の意思決定にゆだねるべきであったと解するのが相当である。

　最高裁判所の判決を見ると，人が宗教上の信念を理由に輸血拒否の意思決定
をする権利は，人格権の一部として認められている。ただ，同時にこの判決が
「自己決定権（意思決定をする権利）」を憲法上の権利であることを明確に認めた
とはいえないとされている。

（2）意思決定支援

　先に述べたように，私たちが憲法で保障されている「幸福追求権」（第13条）を全うするためには，自らが意思決定していくことが前提となる。別人格が自分の生活を決めることは決して「自由」に生きることにはならないからである。

　そのうえで，私たちの「意思決定」が可能になるためには何が必要であるかを考えてみよう。たとえば，自分が今日，何を着ようかと考えて決定する前に，着るための洋服を購入しているはずである。数多くある衣類の中からその洋服を購入すると決定することがどうして可能になったのだろうか。さらに具体的にいうと「トレーナー」が欲しい，と考えたときに，どこの店で何を，いつ買うかは自己の意思に委ねられている。多くの人は現在，このような場合にインターネット上で検索をし，どのようなブランドでどのようなトレーナーが販売されているか，あるいは何が流行しているのかを事前に見るか，直接店に行き，店員の話を聞いたり，試着をするなどして決定するだろう。あるいは，書店で雑誌を立ち読みし，情報を得る人もいるかもしれないし，友人に付き添いをしてもらい，どちらが自分に似合うかの助言を受けて決める人もいるはずである。

　ここからわかるように，私たちは，「意思決定」を行う前に，情報を収集することが必要である。まったく何の情報も得られないまま，意思決定をすることは困難な作業である。もし，何の情報もないまま，何かの決定をせざるを得ない場合があるとすれば，決定後の結果は必ずしも自分の好みのもの，あるいは自分らしさを本当にかなえるものではない場合が多いのではないかと考える。

　それではもし，情報を自由に入手できにくい障害等を持つ人が「意思決定」をする場合は，どうすればよいのだろうか。

　それは，その人にとって「わかりやすい情報」を周りの人から提供するといった支援が必要となる。ここで重要なことは，「その人にとってわかりやすい」方法で行うということである。認知症の高齢者と視覚に障害を持つ高齢者とでは支援の方法は変わってくるはずであるし，聴覚障害のある人でも，手話がわかる人もいれば手話は使えない人もいる。このことは，多数派にとって都合の良い環境づくりがなされている社会（多数派の意見が強く反映される社会）のままでは，実行されにくい。そういった社会を変革する行動を起こすことも支

援者には求められている。そうでなければ，固有のコミュニケーション上の困難さを抱えるがゆえに情報に偏りが生まれている人たちは，情報を得ること（で判断すること）を我慢し，さらに意思を表明したり，自らが意思決定していくことをひそかに諦めざるを得なくなる。

　さらに，そのため（意思決定のため）の支援は，憲法で定められている「幸福追求権」をすべての人が行使するために当たり前に必要なものであり，決して特別な事柄であってはならない。

4　認知症の人への意思決定支援

（1）認知症の人への意思決定支援ガイドライン

　認知症を呈する人はその症状の進行により，徐々に言語的機能を低下させていく。この段階に至った当事者に支援者側がコミュニケーションを図る際に，非言語的なコミュニケーションを駆使するスキルがない場合，当事者にとっては悲劇が起こり得る。すなわち，その当事者は意思がない人，あるいは意思表示がまったくできない人と取り扱われてしまう。それは，人にとって最大の苦難であり，絶望的な局面である。彼らは「植物状態である（かのような）人」と捉えられて，本人の生活はすべて他人の意思で決定されてしまう。その状態を尊厳が保持された生活であるとは決していえないはずである。成年後見制度の利用促進に関する法律により設置された成年後見制度利用促進委員会において，「障害者や認知症の人の特性に応じた適切な配慮を行うことができるよう，意思決定の支援の在り方についての指針の策定に向けた検討等がなされるべき」と指摘があり，成年後見制度利用促進委員会の議論を経て作成された成年後見制度利用促進基本計画において，「意思決定の支援の在り方についての指針の策定に向けた検討等がなされるべき」とされた。

　これを受けて，認知症の人の意思決定支援に関する指針策定のため，2015（平成27）年および2016（平成28）年に実施した意思決定に関する研究を参考に，「平成29年度老人保健健康増進等事業」において認知症の人の意思決定支援に関する検討が行われ，「認知症の人の日常生活・社会生活における意思決定支

援ガイドライン」が策定された。そこでは，認知症高齢者を支える人が行うべき意思決定支援の理念，基本的な姿勢，方法や配慮すべき点などが示され，認知症の人が自らの意思に基づいた日常生活・社会生活を送れることを目指すものとされた。

（2）認知症の人への意思決定支援の原則・基本的態度

　先に述べた2018（平成30）年6月に厚生労働省より発表された「認知症の人の日常生活・社会生活における意思決定支援ガイドライン」では，Ⅲ「認知症の人の特性を踏まえた意思決定支援の基本原則」において，本人の意思の尊重，本人の意思決定能力への配慮，チームによる早期からの継続的支援の3つの原則が挙げられている。以下にその内容を解説する。

　①　本人の意思の尊重

　本人が一見すると意思決定が困難と思われる場合であっても，意思決定をして生活することが尊厳を持って暮らしていくことになるという理解が必要である。そして，本人が自己決定するために必要な情報をその人が有する認知能力に合わせて理解できるよう説明しなければならない。さらに，本人の意思決定能力が低下している場合に，本人の価値観，健康観や生活歴を踏まえて，もし本人に意思決定能力があるとすると，この状態を本人が望むであろうところを，関係者で推定し，尊重する。そのためにも，言語による意思表明がうまくできない人に対しては，身振り手振りや表情の変化をその人の意思表示として読み取る努力を最大限に行うことが求められる。

　②　本人の意思決定能力への配慮

　認知症の症状があるとしても，本人には意思があり，意思決定能力を有するということを前提にすること。そして，本人の意思決定能力は，説明の内容をどの程度理解しているか（理解する力），またそれを自分のこととして認識できるか（認識する力），論理的な判断ができるか（論理的に考える力），その意思を表明できるか（意思を表明する力）によって構成される。これらの存否を判断する意思決定能力の評価判定と，本人の能力向上支援，さらに後述のプロセスに応じた意思決定支援活動は一体をなす。

③　チームによる早期からの継続的支援

　本人が自ら意思決定できる早期（認知症の軽度）の段階で，今後，本人の生活がどのようになっていくかの見通しを，本人，家族，関係者で話し合い，今後起こり得ることについてあらかじめ決めておくなど，先を見通した意思決定の支援が繰り返し行われることが重要である。そして，意思決定支援にあたっては，本人の意思を踏まえて，身近な信頼できる家族・親族，福祉・医療・地域近隣の関係者と成年後見人等がチームとなって日常的に見守り，本人の意思や状況を継続的に把握し，必要な支援を行う体制（「意思決定支援チーム」）が必要である。

（3）認知症の人への意思決定支援プロセス

　認知症の人のための意思決定支援者は，本人の意思能力を適切に評価しながら，適切なプロセスを踏むことが重要である。ここでいう適切なプロセスを，厚生労働省は，「認知症の人への意思決定支援ガイドライン」において図9-4のように表している。

　図9-4を見ると，最初に「人的・物的環境の整備」が必要であり，そのプロセスにおいて重要なポイントとして，①支援者の態度（本人の意思の尊重や安心感ある丁寧な態度など），②本人との信頼関係の構築（本人の心情，遠慮などへの心配りなど），③意思決定支援と環境（緊張・混乱の排除，時間的ゆとりの確保など）の3点が挙げられている。

　続いて，「意思形成支援」のプロセス（適切な情報，認識，環境の下で意思が形成されることへの支援），「意思表明支援」のプロセス（形成された意思を適切に表明・表出することへの支援），「意思実現支援」のプロセス（本人の意思を日常生活・社会生活に反映することへの支援）が順になされることが求められている。最後に，意思決定支援のプロセスの記録，確認，振り返りの段階があり，この大きく5つの段階を踏むプロセスが必要であるとしている。

　以上の認知症の人への意思決定支援プロセスと，先に挙げた意思決定支援の原則を，一般の市民向けにわかりやすく表したものとして，「令和3年度老人保健事業推進費等補助金（老人保健健康推進等事業分）」によるリーフレット「あ

日常生活・社会生活等における意思決定支援のプロセス

人的・物的環境の整備
◎意思決定支援者の態度
　　（本人意思の尊重，安心感ある丁寧な態度，家族関係・生活史の理解　など）
◎意思決定支援者との信頼関係，立ち会う者との信頼関係への配慮
　　（本人との信頼関係の構築，本人の心情，遠慮などへの心配り　など）
◎意思決定支援と環境
　　（緊張・混乱の排除，時間的ゆとりの確保　など）

意思形成支援：適切な情報，認識，環境の下で意思が形成されることへの支援

［ポイント，注意点］
◉本人の意思形成の基礎となる条件の確認（情報，認識，環境）
◉必要に応じた都度，繰り返しの説明，比較・要点の説明，図や表を用いた説明
◉本人の正しい理解，判断となっているかの確認

＋

意思表明支援：形成された意思を適切に表明・表出することへの支援

［ポイント，注意点］
◉意思表明場面における環境の確認・配慮
◉表明の時期，タイミングの考慮（最初の表明に縛られない適宜の確認）
◉表明内容の時間差，また，複数人での確認
◉本人の心情，生活歴・価値観等の周辺情報との整合性の確認

＋

意思実現支援：本人の意思を日常生活・社会生活に反映することへの支援

［ポイント，注意点］
◉意思実現にあたって，本人の能力を最大限に活かすことへの配慮
◉チーム（多職種協働）による支援，社会資源の利用等，様々な手段を検討・活用
◉形成・表明された意思の客観的合理性に関する検討と配慮

各プロセスで困難・疑問が生じた場合は，チームでの会議も併用・活用

意思決定支援のプロセスの記録，確認，振り返り

図9-4　認知症の人への意思決定支援

出所：厚生労働省（2018）「認知症の人の日常生活・社会生活における意思決定支援ガイドライン」12頁。

意思決定支援の原則

1　本人の意思の尊重

2　本人の意思決定能力への配慮

3　早期からの継続的支援

意思決定支援のプロセス（流れ）

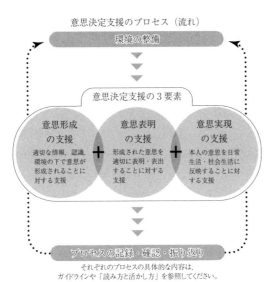

図9-5　「あなたの"決める"をみんなでささえる──意思決定支援
　　　　にかかわるすべての人に知ってほしいこと」

出所：令和3年度老人保健事業推進費等補助金（老人保健健康推進等事業分）
　　　「認知症の人の日常生活・社会生活における意思決定支援ガイドラインの
　　　普及・定着に向けた調査研究事業」編（2022）リーフレット「あなたの
　　　"決める"をみんなでささえる──意思決定支援にかかわるすべての人に
　　　知っておいてほしいこと」。

なたの"決める"をみんなでささえる──意思決定支援にかかわるすべての人
に知っておいてほしいこと」の一部を挙げる（図9-5）。

～～～～～　コラム２　実習生と認知症高齢者とのコミュニケーション　～～～～～

　次の事例から，実習生と高齢者とのコミュニケーションについて考えてみよう。

　社会福祉士を目指す学生Ｃさんは，大学３年生の夏休みに特別養護老人ホームで約１か月の現場実習を受けることになりました。

　実習を開始してすぐに，Ｃさんには気になる利用者Ｂさんが現れました。Ｂさんは，毎日，夕方になると施設の廊下を行ったり来たりし，必死で出口を探しているように見えました。Ｃさんは，実際に認知症の高齢者と向き合うのはＢさんがはじめてでした。そのこともあって，どうしたらよいかわからず，ある職員に質問をしました。

　「利用者のＢさんは毎日，夕方になると出口を探してウロウロされているのですが，どのように接したらよいのでしょうか？」と。それに対してその職員は，「そうですね。Ｂさんは重度の認知症の利用者さんですから，学生のあなたには対応はむずかしいかもしれませんね。そっとしておいてください」と答えました。

　しかしＣさんはどうしてもその利用者が気になってしまい，ある日のカンファレンスで実習指導者に同じ質問をします。すると実習指導者の職員は，このように彼にアドバイスをしました。「もし，可能であればできるだけ目を合わせて，ゆっくり，はっきりとお名前を呼び，聞いてみてください。『Ｂさんは，どこに行きたいのですか？』と」。

　Ｃさんはある日，思い切ってＢさんに声をかけます。「Ｂさん，私は学生のＣといいます。はじめまして。どうやら，どこかにお行きになりたいようですが，どちらに行かれたいのですか？」。すると，Ｂさんは低い小さな声でこう答えます。「あんたな，私は家に帰りたいの。なのに，ここの人たちは私にうそばっかりつくんよ。どうしても帰したくないみたい」と。そして次のようなやりとりが続きました。

　「おうちに帰って何をするのですか？」「家で小さい子どもが私を待っているの」。「お子さんが？」「そうよ。おかあちゃん，おなかがすいたよ～って，泣いてるの」。「泣いておられるのですね。それじゃあ，帰りたくなりますよね」「そうそう……あんただけだわ，わかってくれたのは」。

　この日以降，ＢさんはＣさんを見つけては自分の故郷や子どもたち，そして家族を支え続けた母親であった昔の自分のことを一生懸命話すようになり，少しずつ，夕方の不安な表情や行動は消えていきました。

～～～～～～～～～～～～～～～～～～～～～～～～～～～～～～～～～～

参考文献

厚生労働省社会・援護局障害保健福祉部編（2017）「障害福祉サービス等の提供に係る意思決定支援ガイドラインについて」。

社会福祉士養成講座委員会（2019）『高齢者に対する支援と介護保険制度（第6版）』中央法規出版, 111～112頁。

名川勝・水島俊彦・菊本圭一編（2019）『事例で学ぶ福祉専門職のための意思決定支援ガイドブック』中央法規出版。

認知症の人の意思決定支援のあり方に関する研究事業編（2019）『認知症の人の意思決定支援ガイドライン研修テキスト』。

一問一答　　　　　　　　　〇か×か，答えてみよう。解答は216頁を参照。

1. 高齢者虐待防止法においては，養護者への支援について規定されていない。
（　　）

2. 高齢者虐待の類型に，性的虐待は含まれない。　　　　　（　　）

3. 養護者による虐待を発見したが，虐待だという確信ができない場合は，通報できない。　　　　　　　　　　　　　　　　　　　　　（　　）

4. 「認知症の人の意思決定支援ガイドライン」で示されている「意思決定支援の原則」とは，①本人の意思の尊重，②家族の意思決定能力への配慮，③早期からの継続的支援である。　　　　　　　　　　　　　　　（　　）

第 10 章

障害にまつわる権利擁護の仕組み

　本章では，現行のわが国の障害者福祉分野における権利擁護の具体的な仕組みとして，障害者虐待への対応と意思決定支援について概観する。障害者虐待では，虐待等によって権利が侵害されている場合の権利擁護活動を支える法律，地方公共団体や関係機関の役割を理解する。また，福祉サービス利用者本人の意思決定を支える基本的な姿勢について意思決定ガイドラインをもとに考える。

1　障害者福祉における権利擁護（アドボカシー）

（1）障害者福祉における権利擁護の課題

　人はさまざまな困難を抱えたときや社会的に不利な立場に置かれたときに，自分の権利や利益を主張することができなかったり，そもそも権利で護られる立場であることを認識していないために不利益を被る場合もある。たとえば，知的障害，精神障害，認知症のために，自分で判断する能力が不十分であったり，日々の家族関係が，当たり前の権利の主張を抑制してしまう可能性もある。このような自らの声を上げられない人の代弁者となって権利の主張や自己決定をサポートすることを権利擁護（アドボカシー）と呼ぶ。

　障害者福祉では，ノーマライゼーションの考え方が広がるまでは，社会福祉の対象者は弱者であり，いかにして保護，収容するのかという考えが一般的であった。そのため，指導・訓練・療育といった視点でクライエントを変えることに主眼が置かれ，指導・訓練や教育・管理・保護という言葉が1990年代までは広く用いられていた。このことからもわかるように，かつては障害者に対す

る権利擁護についての意識は決して高いものではなかった。

（2）障害者福祉観の進化

　1990年代後半に行われた社会福祉基礎構造改革は障害者福祉サービスに大きな転換をもたらすきっかけとなった。障害者基本法をはじめ，2013（平成25）年に施行された障害者総合支援法（改正前は，障害者自立支援法）では，福祉サービス利用者の利益を保護することが求められている。

　クライエントとサービス提供者との対等な関係を構築しながら，クライエントは能動的・主体的な存在であるという認識に立った当事者主権の考えが基本となって，障害者福祉における権利擁護の考え方が成り立っている。

2　障害者虐待防止法

　障害者に対する虐待の禁止，国や地方公共団体，障害者福祉施設従事者等，使用者などに障害者虐待の防止等のための責務を課すとともに，障害者虐待を受けたと思われる障害者を発見した者に対する通報義務を課すことなどを規定した「障害者虐待の防止，障害者の養護者に対する支援等に関する法律」（障害者虐待防止法）が，2012（平成24）年に施行された。

（1）障害者虐待防止法の目的

　同法の目的については，「障害者に対する虐待の禁止，障害者虐待の予防及び早期発見その他の障害者虐待の防止等に関する国等の責務，障害者虐待を受けた障害者に対する保護及び自立の支援のための措置，養護者の負担の軽減を図ること等の養護者に対する養護者による障害者虐待の防止に資する支援（中略）のための措置等を定めることにより，障害者虐待の防止，養護者に対する支援等に関する施策を促進し，もって障害者の権利利益の擁護に資することを目的とする」（第1条）と規定されている。

　この法律の目的からもわかるように，障害者に対する虐待の禁止，早期発見，通報だけではなく，家族などの養護者（介護者）等に対する支援が規定されて

いる。つまり，虐待の予兆を察知したり，虐待につながらないように日常的に介護負担を軽減するための相談や支援によって，予防・防止につなげることも重視されている。

（2）障害者虐待防止法の対象

　同法における「障害者」とは，「身体障害，知的障害，精神障害（発達障害を含む。）その他の心身の機能の障害（中略）がある者であつて，障害及び社会的障壁により継続的に日常生活又は社会生活に相当な制限を受ける状態にあるもの」（障害者基本法第2条第1号）であり，就学する障害者や保育所に通う障害者，医療機関を利用する障害者（同第29〜31条）も対象の範囲として規定しており，障害児や障害者手帳等を取得していない人も対象に含んでいる。

（3）障害者虐待の種類

　障害者虐待は「誰」による「どのような虐待」かによって分類されている。「誰」については表10-1のように分類できる（障害者虐待防止法第2条第2項）。
　さらに，「どのような虐待」にあたる虐待の類型については表10-2のように5つに分類できる（同第2条第6〜8項）。なお，障害者虐待防止法では，身体拘束も身体的虐待であることが条文に明記されている。

（4）障害者虐待の早期発見等

　障害者虐待防止法では，国および地方公共団体の障害者の福祉に関する事務を所掌する部局や，障害者福祉施設，学校，医療機関，保健所その他障害者の福祉に業務上関係のある団体並びに障害者福祉施設従事者等，学校の教職員，医師，歯科医師，保健師，弁護士その他障害者の福祉に職務上関係のある者および使用者は，障害者虐待を発見しやすい立場にあることを自覚し，障害者虐待の早期発見に努めなければならない（第6条第1〜2項）と規定されており，虐待を受けたと思われる障害者を発見した者は，速やかに，これを市町村に通報しなければならない（第7条第1項）。

表 10 - 1　障害者虐待の分類

養護者による障害者虐待	障害者の身の回りの世話や金銭管理などを行っている家族，親族，同居人等による虐待
障害者福祉施設従事者等による虐待	障害者福祉施設や障害者サービス事業所等で働く職員による虐待
使用者による障害者虐待	障害者を雇用している事業主（上司等）による虐待

出所：障害者虐待の防止，障害者の養護者に対する支援等に関する法律第 2 条第 2 項をもとに筆者作成。

表 10 - 2　障害者虐待の類型

身体的虐待	障害者の身体に外傷が生じ，若しくは生じるおそれのある暴行を加え，又は正当な理由なく障害者の身体を拘束すること。
性的虐待	障害者にわいせつな行為をすること又は障害者をしてわいせつな行為をさせること。
心理的虐待	障害者に対する著しい暴言，著しく拒絶的な対応又は不当な差別的言動その他の障害者に著しい心理的外傷を与える言動を行うこと。
介護・世話の放棄・放任	障害者を衰弱させるような著しい減食又は長時間の放置，①から③までに掲げる行為と同様の行為の放置やこれらに準ずる行為を行うこと。
経済的虐待	障害者の財産を不当に処分すること，障害者から不当に財産上の利益を得ること。

出所：障害者虐待の防止，障害者の養護者に対する支援等に関する法律第 2 条第 6 ～ 8 項をもとに筆者作成。

（5）相談機関

　障害者虐待の窓口として「市町村障害者虐待防止センター」があり，障害者虐待を発見した人からの通報や当事者からの届出の受理，障害者および養護者からの相談・支援に対応している。また，「都道府県障害者権利擁護センター」は，市町村間の連絡調整や情報提供，助言等を行っている。

　国および地方公共団体は，障害者虐待の予防および早期発見その他の障害者虐待の防止，障害者虐待を受けた障害者の迅速かつ適切な保護および自立の支援並びに適切な養護者に対する支援を行うため，関係省庁相互間その他関係機関および民間団体の間の連携の強化，民間団体の支援その他必要な体制の整備に努めなければならない（第 4 条第 1 項）とされており，さまざまな機関との連携が求められている。

3　障害者虐待防止法に基づく障害者虐待への対応

（1）養護者による障害者虐待の防止および養育者に対する支援

　障害者虐待防止法に基づく養護者による虐待対応については図10－1の通りである。市町村が中心となって虐待への対応を行うことになっており，虐待を受けた障害者とあわせて虐待をしてしまった養護者への支援も規定されている。

　①　養護者による障害者虐待に係る通報等

　養護者による障害者虐待を受けたと思われる障害者を発見した者は，速やかに，これを市町村に通報しなければならない（第7条第1項）。

　②　通報等を受けた場合の措置

　市町村は，通報または障害者からの養護者による障害者虐待を受けた旨の届出を受けたときは，速やかに，当該障害者の安全の確認その他当該通報または届出に係る事実の確認のための措置を講ずるとともに，当該市町村と連携協力する者（市町村障害者虐待対応協力者）とその対応について協議を行う（第9条第1項）。

　③　居室の確保

　養護者による障害者虐待により生命または身体に重大な危険が生じているおそれがあると認められる障害者を一時的に障害者支援施設等に入所させる等，適切な措置を講ずるものとされており（第9条第2項），市町村は，必要な居室を確保するための措置を講じなければならない（第10条）。

　④　立入調査

　市町村長は，養護者による障害者虐待により障害者の生命または身体に重大な危険が生じているおそれがあると認めるときは，障害者の福祉に関する事務に従事する職員をして，当該障害者の住所または居所に立ち入り，必要な調査または質問をさせることができる（第11条第1項）。

　⑤　面会の制限

　養護者による障害者虐待を受けた障害者に上記の居室等の確保などの措置が採られた場合には，養護者による障害者虐待の防止および当該障害者の保護の

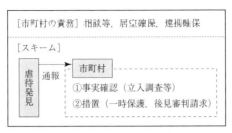

図 10-1　養護者による障害者虐待への対応

出所：厚生労働省（2011）「障害者虐待の防止，障害者の養護者に対する
　　　支援等に関する法律の概要」。

観点から，当該養護者による障害者虐待を行った養護者について当該障害者との面会を制限することができる（第13条）。

⑥　養護者の支援

市町村は，養護者の負担の軽減のため，養護者に対する相談，指導および助言その他必要な措置を講ずるものとする（第14条第1項）とされ，虐待をしてしまった養護者への支援が規定されている。

（2）障害者福祉施設従事者等による障害者虐待の防止等のための措置

障害者福祉施設や障害福祉サービス事業等には，従事者（職員）等による虐待を防止するための研修の実施や，利用者やその家族からの苦情に対応するように体制の整備を講ずることが規定されており（第15条），虐待が明らかになったときには図10-2のように対応が進められる。

①　障害者福祉施設従事者等による障害者虐待に係る通報等

障害者福祉施設従事者等による障害者虐待を受けたと思われる障害者を発見した者は，速やかに，これを市町村に通報しなければならない（第16条第1項）。さらに，障害者福祉施設従事者等による障害者虐待を受けた障害者は，その旨を市町村に届け出ることができる（第16条第2項）。市町村は，障害者福祉施設従事者等による障害者虐待に関する事項を，障害者福祉施設または障害福祉サービス事業所の所在地の都道府県に報告しなければならない（第17条）。

②　通報等を受けた場合の措置

障害者福祉施設従事者等による障害者虐待の報告を受けたときは，市町村長

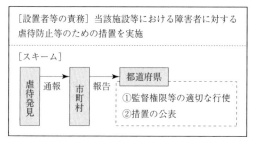

図 10 - 2　障害者福祉施設従事者等による障害者虐待への対応
出所：図 10 - 1 と同じ。

表 10 - 3　障害者虐待の防止の更なる推進のための取り組み

〈障害者虐待防止の更なる推進〉
① 従業者への研修実施
② 虐待防止のための対策を検討する委員会として虐待防止委員会を設置
③ 虐待の防止等のための責任者の設置

〈身体拘束等の適正化〉
① 身体拘束等を行う場合には，その態様及び時間，その際の利用者の心身の状況並びに緊急やむを得ない理由その他必要な事項を記録すること
② 身体拘束等の適正化のための対策を検討する委員会を定期的に開催するとともに，その結果について，職員に周知徹底を図ること
③ 身体拘束等の適正化のための指針を整備すること
④ 職員に対し，身体拘束等の適正化のための研修を定期的に実施すること

出所：厚生労働省（2022）「障害者虐待防止及び身体拘束等の適正化に向けた体制整備等の取組事例集（暫定版）」。

または都道府県知事は，障害者福祉施設の業務または障害福祉サービス事業等の適正な運営を確保することにより，当該通報または届出に係る障害者に対する障害者福祉施設従事者等による障害者虐待の防止並びに当該障害者の保護および自立の支援を図るため，社会福祉法，障害者総合支援法その他関係法律の規定による権限を適切に行使して指導が行われる（第19条）。

③　公表

都道府県知事は，毎年度，障害者福祉施設従事者等による障害者虐待の状況，障害者福祉施設従事者等による障害者虐待があった場合に採った措置その他厚生労働省令で定める事項を公表するものとする（第20条）。

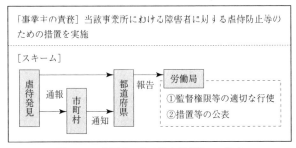

図 10 - 3 使用者による障害者虐待への対応
出所：図 10 - 1 と同じ。

④ 障害者虐待防止および身体拘束等の適正化に向けた体制整備

2022（令和 4 ）年から，障害者虐待の防止の更なる推進のために，表 10 - 3 の取り組みが各施設や事業所において義務化された。

（3）使用者による障害者虐待の防止等

障害者を雇用する事業主には，労働者の研修の実施，当該事業所に使用される障害者およびその家族からの苦情の処理の体制の整備その他の使用者による障害者虐待の防止等のための措置を講ずるものとされている（第21条）。虐待が明らかになったときには図 10 - 3 のように対応が進められる。

① 使用者による障害者虐待に係る通報等

使用者による障害者虐待を受けたと思われる障害者を発見した者は，速やかに，これを市町村または都道府県に通報しなければならない（第22条第 1 項）。また，使用者による障害者虐待を受けた障害者は，その旨を市町村または都道府県に届け出ることができる（第22条第 2 項）。さらに，労働者は，虐待を通報・届け出たことを理由として，解雇その他不利益な取扱いを受けない（第22条第 3 項）として当該障害者を保護することになっている。

市町村は，障害者虐待に係る事業所の所在地の都道府県に通知しなければならない（第23条）とされており，都道府県は，当該通報，届出または通知に係る使用者による障害者虐待に関する事項を，当該使用者による障害者虐待に係る事業所の所在地を管轄する都道府県労働局に報告しなければならない（第24条）。

② 報告を受けた場合の措置

　都道府県労働局が報告を受けたときは，都道府県労働局長または労働基準監督署長もしくは公共職業安定所長は，事業所における障害者の適正な労働条件および雇用管理を確保することにより，当該報告に係る障害者に対する使用者による障害者虐待の防止並びに当該障害者の保護および自立の支援を図るため，当該報告に係る都道府県との連携を図りつつ，労働基準法，障害者の雇用の促進等に関する法律，個別労働関係紛争の解決の促進に関する法律その他関係法律の規定による権限を適切に行使するものとするとされている（第26条）。

③ 公表

　厚生労働大臣は，毎年度，使用者による障害者虐待の状況，使用者による障害者虐待があった場合に採った措置その他厚生労働省令で定める事項を公表するものとする（第28条）。

4　近年の障害者虐待の動向

　2020（令和 2 ）年度の障害者虐待事例への対応状況をみると，市町村等への相談・通報件数は，「養育者による障害者虐待」「障害者福祉施設従事者等による障害者虐待」が前年度よりも増加している。また，「使用者による障害者虐待」は減少している（表10-4）。

表10-4　令和 3 年度都道府県・市区町村における障害者虐待事例への対応状況

	養護者による障害者虐待	障害者福祉施設従事者等による障害者虐待	（参考）使用者による障害者虐待（都道府県労働局の対応）
市区町村等への相談・通報件数	7,337件（6,556件）	3,208件（2,865件）	1,230事業所（1,277件）
市区町村等による虐待判断件数	1,994件（1,768件）	699件（632件）	392件（401件）
被虐待者数	2,004人（1,775人）	956人（890人）	502人（498人）

注：上記は，令和 3 年 4 月 1 日から令和 4 年 3 月31日までに虐待と判断された事例を集計したもの。カッコ内については，前回調査（令和 2 年 4 月 1 日から令和 3 年 3 月31日まで）のもの。

出所：厚生労働省「令和 3 年度都道府県・市区町村における障害者虐待事例への対応状況等（調査結果）」。

～～～～～～　コラム　「私たちのことを私たち抜きで決めないで」　～～～～～～

　2006年，国際連合（国連）で「障害者の権利に関する条約（障害者権利条約）」が採択された。わが国も，2014（平成26）年1月に同条約を批准している。この条約の策定には，世界各国の障害のある人々が参画しているが，そのときの合い言葉が「Nothing About Us Without Us（私たちのことを私たち抜きで決めないで）」であった。この合い言葉には，「障害者の権利を守る国際的な条約は必要だが，それを障害者ではない人たちだけで作るのはおかしい，障害のある人自身がその条約づくりに参画しなければならない」といった意味が込められている。

　意思決定支援においてもこの合い言葉は同じである。自分の意思を伝えることが難しい障害者の想いは，別の人の解釈によって「別の言葉」で伝えられることが多い。親・家族，身近な支援者が「代わって伝える」ことが多いからである。しかし，生活のほとんどを共有している家族だからといって，その人の本当の想いを理解しているとは限らない。また，家族の前だからこそ伝えにくいこともあるだろう。

　さらに，支援者のこれまでの経験知から，まったく別の解釈をして「これがニーズだ」と断定してしまうことも障害者福祉ではよくある。当事者である障害者を抜きにしてアセスメントが進められ，周りがニーズを決めてしまったら，福祉サービス自体が本人の負担になってしまう可能性もある。言葉で表現されるニーズにはどれだけ本人の想いが語り尽くせているのだろうか。その人の暮らしと向き合い，それまでの固定概念にとらわれずにその人を知ろうとする姿勢が支援者には求められる。

　これから福祉の仕事を目指しているみなさん，この「私たちのことを私たち抜きで決めないで」という，当たり前のようで，当たり前にできていない言葉を胸に刻んで，日々の支援の中で意識してほしい。

～～～～～～～～～～～～～～～～～～～～～～～～～～～～～～～～～～～～～～

5　障害福祉サービス利用にあたっての意思決定支援

　障害者総合支援法では，障害者本人が「どこで誰と生活するかについての選択の機会が確保」される（第1条の2）と規定し，指定相談支援事業者および指定障害福祉サービス事業者等に，「障害者等の意思決定の支援に配慮する」よう努める（第42条，第51条の22）と意思決定支援への具体的な取り組みを位置

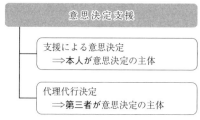

図 10 - 4　意思決定支援の種類
出所：津田耕一（2022）「兵庫県相談支援専門員現任研修資料」
より一部筆者改変。

づけている。障害者への意思を尊重した質の高いサービスの提供に資することを目的として，2017（平成29）年に「障害福祉サービス等の提供に係る意思決定支援ガイドライン」が示された。

（1）意思決定支援とは

意思決定支援の原点は，どれほど重い障害がある人も意思があるという基本姿勢である。本人の奥底にある希望（感情）を引き出すことが基本であり，ほかの人の支援を受けながら本人が決定するという「支援による意思決定」から，それらができないときに限ってほかの人が本人に代わって意思決定をする「代理代行による意思決定」となる。

（2）意思決定支援の基本的原則

意思決定は人間存在の核心部分であり，意思決定が奪われることはその人の自由も奪われることになる。意思決定支援では，クライエントのことをわかろうとする支援者側の意思受信能力が重要であり，以下の原則が求められる。

①　本人から表出された意思の尊重

本人への支援は，自己決定の尊重に基づき行うことが原則である。本人の自己決定にとって必要な情報の説明は，本人が理解できるよう工夫して行う。

②　意思の選好に基づく最善の解釈

職員等の価値観では不合理と思われる本人の決定であっても，他者への権利を侵害しないのであれば，本人の選択をできるかぎり尊重するよう努める姿勢

意思決定が必要な場面

• サービスの選択　　• 居住の場の選択　　　等

本人が自ら意思決定できるよう支援

意思形成支援
• 支援者に信頼感と安心感をもてること
• 選ぶという意識を育むための支援
• 本人に理解できる形（言葉，文字，絵やイラスト，写真，見学・体験）を駆使

意思表明支援
• 本人の意識を見落とさない（わずかな表情や態度，雰囲気の変化を察知する）
• 拒否も意思表示
• 本人のペースに合わせる

本人にとっての最善の利益の客観的な判断

• 本人の意思決定の確認・日常生活の様子の観察・関係者からの情報収集
• 本人の判断能力，自己理解，心理的状況の把握
• 本人の生活史等，人的・物的環境等のアセスメント
• 体験を通じた選択の検討　等

図 10-5　意思決定支援の取り組み

出所：筆者作成。

が求められる。

③　最善の利益の客観的な判断

　本人の自己決定や意思確認がどうしても困難な場合は，本人をよく知る関係者とで協議し，本人の日常生活の場面や事業者のサービス提供場面における表情や感情，行動に関する記録などの情報に加え，これまでの生活史，人間関係等さまざまな情報を把握し，根拠を明確にしながら障害者の意思および選好を推測して，本人の最善の利益を考える。

（3）最善の利益の判断

　本人の意思を推定することが困難な場合は，関係者が協議し，本人にとっての最善の利益を判断せざるを得ない場合がある。この第三者による意思決定は

最後の手段であると認識し，日頃から本人が意思決定できるように，意思形成と意思表明ができる取り組みに留意することが必要である（図10-5）。

このように，意思決定支援においては，障害のある人たちの意思決定を受け止めて理解するという支援者の意思受信能力が求められる。

参考文献

知的障害者の意思決定支援等に関する委員会編（2017）『知的障害者の意思決定支援ガイドブック——現場で活かせる意思決定支援「わたしたちのことを，わたしたち抜きに決めないで」の実現に向けて』公益財団法人日本知的障害者福祉協会。
津田耕一（2017）『福祉現場で必ず役立つ利用者支援の考え方』電気書院。
内閣府「『合理的配慮』を知っていますか？」。
山口光治編（2021）『権利擁護を支える法制度』みらい。
臨床福祉シリーズ編集委員会編（2021）『権利擁護を支える法制度』弘文堂。

一問一答　　　　　　　　　　○か×か，答えてみよう。解答は217頁を参照。

1．障害者虐待防止法において「障害者虐待」とは，養護者による障害者虐待，障害者福祉施設従事者等による障害者虐待および使用者による障害者虐待をいう。　　　　　　　　　　　　　　　　　　　　　　　　　　（　　）

2．養護者による障害者虐待は，身体的虐待，性的虐待，心理的虐待，放置など養護を怠ることの4種類であると定義されている。　　　　　（　　）

3．2020（令和2）年度における都道府県・市区町村における障害者虐待事例への対応状況では，市町村等への相談・通報件数は，「養護者による障害者虐待」「障害者施設従事者等による障害者虐待」が前年度よりも増加している。　　（　　）

4．身体障害者福祉法において意思決定支援は重要な取り組みとして位置づけられており，2017（平成29）年には「障害福祉サービス等の提供に係る意思決定支援ガイドライン」が作成された。　　　　　　　　　　　　　　　（　　）

5．意思決定支援会議は，本人参加の下で参加者が得ている情報を持ち寄り，本人の最善の利益を検討する仕組みである。　　　　　　　　　（　　）

第11章

子どもにまつわる権利擁護の仕組み

　本章では子どもにまつわる権利擁護の仕組みについて取り上げる。子どもの権利については児童の権利に関する条約（子どもの権利条約）により世界共通で保障されるべき内容が示されており，この考え方に沿って子どもの個別・具体的な権利を守る取り組みが進められている。

　一方で，子どもは発達途上にあることもあり，子どもの権利について子ども自身が権利を行使することが難しい場面や，そもそも子ども本人も大人も，子どもに権利があることを知らないという状況も存在している。このため社会として子どもの権利を擁護する具体的な仕組みが求められる。

1　子どもの権利についての基本的理解

　本章では後段でわが国における子どもの権利擁護の仕組みについて取り上げるが，まずこれまでの世界的な子どもの権利に対する発展について説明する。

　世界では古代社会から，社会や集団での子どもに対する考え方として，子どもは「大人の所有物」として考えられてきた。これは現在進められている子どもの権利擁護とは対極の視点である。当時は子どもに対する十分な教育は行われず，子どもを単なる労働力として捉え，物心がついた年代の子どもは子ども本人の意思とは関係なく働かされる状況であった。

　ヨーロッパでは17世紀頃，子どもは「小さな大人」といわれていた。それは，子どもを大人と同様に働かせていたように，子どもは精神的にも肉体的にも大人と同じであり，ただ子どもは大人と比較して身体が小さいだけ，という意味

が含まれていたとされる。当時は子どもを労働力として捉えるのみならず，時として子どもに対して虐待や酷使のほか，間引き（子どもの人数を減らすために人為的に子どもを殺すこと）なども横行していた。

　当時はこのように子どもに対して厳しい社会であったが，18世紀に入るとようやく子どもの権利の必要性を社会に訴える動きが出てきた。たとえばフランスの教育哲学者のジャン＝ジャック・ルソー（J. J. Rousseau）が1762年に著書『エミール』において，これまでの「小さな大人」の考え方を批判し，子どもは小さな大人なのではなく，子どもという固有の存在であるという「子どもの発見」といわれる考えを主張した。このほかにもスウェーデンの教育学者であるエレン・ケイ（E. Key）は1900年に著書『児童の世紀』で教育により子どもの権利を保障することの重要性について述べている。またポーランドでは小児科医で教育家のコルチャック（J. Korczak）が孤児のための施設の設立をはじめ，子どもの福祉と子どもの権利の重要性について訴えた。

　そうして1909年にアメリカで「第１回白亜館（ホワイトハウス）会議」が行われ，世界ではじめて子どもの福祉を考えるための会議が開催された。その後，1922年にイギリスが「世界児童憲章案」を示し，この提案がもととなり1924年９月に当時の国際連盟（現在の国際連合）で「児童の権利に関するジュネーブ宣言」が採択された。これが子どもを保護するための世界的な方針とされた。

　その後，世界は第二次世界大戦に突入し，子どもを含めて多くの人々の犠牲や人権侵害が生じた。その反省も踏まえて，1948年12月10日に，フランスで開かれた第３回国際連合の総会において，「世界人権宣言」が採択された。この世界人権宣言では，子どもを含めたすべての人間が生まれながらに基本的人権を有していることが認められた。

　また世界人権宣言に続き，1959年11月20日には，国際連合総会において「児童の権利宣言」が採択された。この児童の権利宣言では，身体的・精神的に未熟な子どもは，特別に守ることが必要な存在とし，人々は子どもに最善のものを与える義務を負うことが示された。そのうえで子どもがいかなる差別を受けることもなく，普遍的に有している権利についての内容が定められた。

　しかしながら児童の権利宣言の採択後も，世界では子どもに対する差別的な

表 11 - 1　「子どもの権利条約」4 つの原則

① **生命，生存及発達に対する権利**（命を守られ成長できること） 　　すべての子どもの命が守られ，もって生まれた能力を十分に伸ばして成長できるよう，医療，教育，生活への支援などを受けることが保障される。
② **子どもの最善の利益**（子どもにとって最もよいこと） 　　子どもに関することが決められ，行われる時は，「その子どもにとって最もよいことは何か」を第一に考えられる。
③ **子どもの意見の尊重**（意見を表明し参加できること） 　　子どもは自分に関係のある事柄について自由に意見を表すことができ，大人はその意見を子どもの発達に応じて十分に考慮する。
④ **差別の禁止**（差別のないこと） 　　すべての子どもは，子ども自身や親の人種や国籍，性，意見，障がい，経済状況などどのような理由でも差別されず，条約の定めるすべての権利が保障される。

出所：日本ユニセフ「子どもの権利条約」（https://www.unicef.or.jp/about_unicef/about_rig.html　2022年 5 月31日閲覧）より一部筆者改変。

扱いがなくなることはなかった。その理由として，仮に児童の権利宣言が守られないとしても罰則的な規定がなく，実効性や拘束力もなかったことが要因であったとされる。このことも踏まえて，児童の権利宣言の採択から20年経過した1979年を「国際児童年」と定めるとともに，国際連合の人権委員会によりその後の児童の権利に関する条約の制定に向けた具体的な検討が進められた。

　そうして1989年11月20日に，国際連合総会において「児童の権利に関する条約」（子どもの権利条約）が採択されるとともに，翌1990年には国際条約として発効するに至った（日本は1994年に世界158か国目に批准）。子どもの権利条約では，第 3 条で「児童に関するすべての措置をとるに当たっては，公的若しくは私的な社会福祉施設，裁判所，行政当局又は立法機関のいずれによって行われるものであっても，児童の最善の利益が主として考慮されるものとする」（筆者下線）とされ，子どもの最善の利益を基盤とした子どもの権利の在り方が示された（表 11 - 1，図 11 - 1）。

　条文の中で，特に子どもの権利擁護として取り上げられる機会が多いものの一つに第12条がある。ここでは「締約国は，自己の意見を形成する能力のある児童がその児童に影響を及ぼすすべての事項について自由に自己の意見を表明する権利を確保する。この場合において，児童の意見は，その児童の年齢及び成熟度に従って相応に考慮されるものとする」とされている。これは子どもの

133

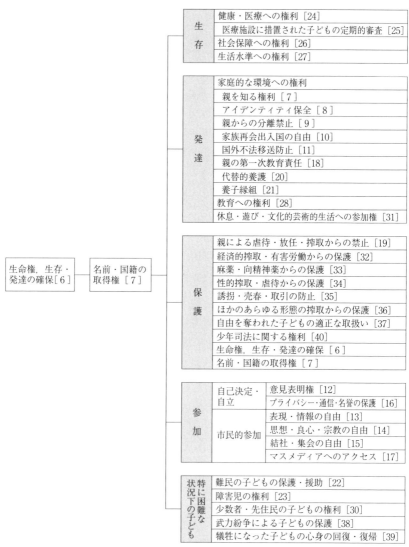

図 11-1　子どもの権利条約の内容・構成

注：［　］の数字は条文番号を指す。
出所：喜多明人（1997）「子どもの権利条約」市川昭午・永井憲一監修／子どもの人権刊行委員会編『子どもの人権大辞典』エムティ出版，322頁。

年齢や発達に応じて，子どもに関するすべての事柄について，子ども自身が自由に意見を表明する権利があるとするもので，これを子どもの意見表明権という。

2　わが国での子どもの権利の法体系

（1）児童福祉法

　子どもの権利擁護に関するわが国の法律には，児童福祉法（1947年）がある。児童福祉法は，日本国憲法（1946年）に基づいた子どもの福祉を保障するための法律として第二次世界大戦後の早期段階で制定された。わが国においても第二次世界大戦の結果，戦災孤児や浮浪児が生じた反省も含め，すべての子どもを福祉の対象とした。

　その後，児童福祉法は2016（平成28）年に大幅な改正が行われた（表11-2）。改正後の第1条では子どもの権利条約の精神にのっとり子どもに保障される権利について，第2条第1項では子どもの年齢と発達の程度に応じて子どもの意見が尊重されること，同条第2項では子どもの育成についてその保護者が第一義的責任を負うこと，同条第3項では国および地方公共団体も保護者とともに子どもの育成に責任を負うことが明示された。これらは子どもの権利擁護の基盤といえる。

（2）児童虐待防止法

　わが国では子どもへの虐待の対応件数が増加の一途をたどり，虐待の内容も深刻化している。このことから2000（平成12）年に「児童虐待の防止等に関する法律」（児童虐待防止法）が制定された。本法の第1条（表11-3）では，児童虐待が子どもの人権を著しく侵害する行為であることを第一に示したうえで，子どもの心身の成長および人格の形成に重大な影響を与えること，将来の世代の育成への影響も懸念されることから，児童虐待の禁止と，子どもの権利利益の擁護に資することを目的とすることが明示された。また本法では，児童虐待を4分類（身体的虐待，性的虐待，保護の怠慢・拒否（ネグレクト），心理的虐待）に

表11-2　児童福祉法（1947年制定，2016年改正）

> 第1条　全て児童は，児童の権利に関する条約の精神にのつとり，適切に養育されること，その生活を保障されること，愛され，保護されること，その心身の健やかな成長及び発達並びにその自立が図られることその他の福祉を等しく保障される権利を有する。
> 第2条　全て国民は，児童が良好な環境において生まれ，かつ，社会のあらゆる分野において，児童の年齢及び発達の程度に応じて，その意見が尊重され，その最善の利益が優先して考慮され，心身ともに健やかに育成されるよう努めなければならない。
> 　②　児童の保護者は，児童を心身ともに健やかに育成することについて第一義的責任を負う。
> 　③　国及び地方公共団体は，児童の保護者とともに，児童を心身ともに健やかに育成する責任を負う。
> 第3条　前2条に規定するところは，児童の福祉を保障するための原理であり，この原理は，すべて児童に関する法令の施行にあたつて，常に尊重されなければならない。

出所：児童福祉法より筆者抜粋。

表11-3　児童虐待の防止等に関する法律（2000年制定）

> 第1条　この法律は，児童虐待が児童の人権を著しく侵害し，その心身の成長及び人格の形成に重大な影響を与えるとともに，我が国における将来の世代の育成にも懸念を及ぼすことにかんがみ，児童に対する虐待の禁止，児童虐待の予防及び早期発見その他の児童虐待の防止に関する国及び地方公共団体の責務，児童虐待を受けた児童の保護及び自立の支援のための措置等を定めることにより，児童虐待の防止等に関する施策を促進し，もって児童の権利利益の擁護に資することを目的とする。

出所：児童虐待の防止等に関する法律より筆者抜粋。

定義したうえで，子どもの権利擁護を基盤として虐待を受けた子どもの保護や自立の支援のための措置について定めている。また，2018（平成30）年の同法改正（施行は2019年4月1日）により，親権者は，子どものしつけに際して体罰を加えてはならないこと（第14条）が定められるとともに，児童福祉施設の長等についても同様としている（児童福祉法第47条第3項）。

（3）民　法

　民法においても，子どもに対するしつけと称しての虐待等を禁止するため，2011（平成23）年に法改正が行われ「親権を行う者は，子の利益のために子の監護及び教育をする権利を有し，義務を負う」（下線が改正部分）とし，親権を子どもの利益のためにという目的が明記された（第820条）。また，同法第822条の「親権を行う者は，第820条の規定による監護及び教育に必要な範囲内でそ

の子を懲戒することができる」の規定（懲戒権）についても2022（令和1）年の法改正により削除された。

3　児童虐待・社会的養護における子どもの権利擁護

（1）児童虐待の現状

　わが国の子どもの権利が侵されている深刻な課題の一つとして，児童虐待が挙げられる。児童虐待は年々増加傾向にあり，児童相談所における児童虐待相談対応件数は2021（令和3）年度で20万件を超えている（図11-2）。児童虐待の通告先は，児童相談所のほか，市町村，都道府県の設置する福祉事務所となっているが，児童相談所以外に通告された対応件数は含まれていない。

（2）子どもの措置時の保護者同意と本人同意

　児童福祉法では，虐待を受けた子どもをはじめ「保護者のない児童又は保護者に監護させることが不適当であると認められる児童」を要保護児童としている。そして要保護児童などの保護を行う場合，都道府県が持つ措置権による措置が行われる。その内容の例として，里親への委託や，児童福祉施設（乳児院，児童養護施設，障害児入所施設，児童心理治療施設，児童自立支援施設）に児童を入所させることがある（児童福祉法第27条第1項第3号）。

　これらの措置を実施もしくは解除する場合には，都道府県知事，市町村長，福祉事務所長，児童相談所長は，あらかじめ，その実施もしくは解除の理由について保護者等（児童の親権を行う者または未成年後見人）に説明するとともに，その意見を聴かなければならない（児童福祉法第33条の4第4号）。一方で，子ども本人に対してはこれまでは意見の聴取は定められていなかったが，児童福祉法附則（2020年6月26日）により，政府が2年を目途として，子どもの保護および支援に当たって子どもの意見を聴く機会，子ども自らが意見を述べることができる機会の確保を図ることとした。あわせてそのための子どもを支援する仕組みの構築，子どもの権利を擁護する仕組みの構築などについての措置の在り方について検討を行い，必要な措置を講ずるものとした。

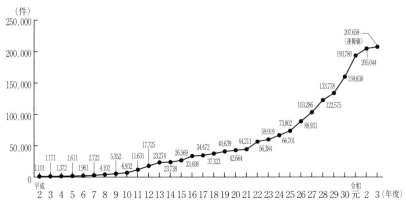

図 11-2　児童相談所における児童虐待相談対応件数

出所：厚生労働省「令和 3 年度 児童相談所での児童虐待相談対応件数（速報値）」（https://www.mhlw.
　　go.jp/content/11900000/000987725.pdf　2022年11月 1 日閲覧）。

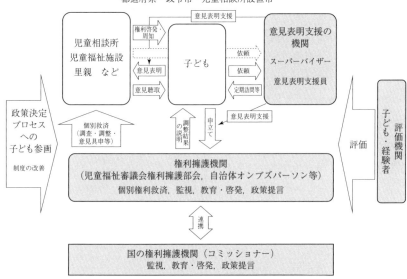

図 11-3　子どもの権利擁護の枠組み

出所：厚生労働省子どもの権利擁護に関するワーキングチーム「子どもの権利擁護の枠組み（あるべき
　　姿のイメージ）」（https://www.mhlw.go.jp/content/11907000/000785667.pdf　2022年 5 月31日閲覧）
　　より一部筆者改変。

　このことから厚生労働省は2019（令和元）年12月に「子どもの権利擁護に関するワーキングチーム」を立ち上げて検討を行った。ここで主に家庭から離れて生活する社会的養護（里親・児童養護施設）のもとで生活する子どもの権利擁護のイメージが示された。今後，これらの意見も参考に，具体的な子どもの権利擁護の仕組みが制度化されることが期待される。

　このほか，実際に社会的養護のもとで生活する子どもの権利擁護について，里親委託ガイドラインや各児童福祉施設別に作成されている運営指針に明記されている。例として2012（平成24）年の「児童養護施設運営指針」（厚生労働省通知）では，子どもの権利の内容が記されている「子どもの権利ノート」などの資料を使用し，入所する子どもに対して施設生活の中で守られる権利について随時わかりやすく説明すること，子どもが意見や苦情を述べやすい環境を整えること，子どもが相談することや意見を述べたいときに相談方法や相談相手を選択できる環境を整備し，子どもに伝えることなどが含まれている。

4　自治体レベルでの子どもの権利擁護の取り組み

　子どもの権利擁護は，社会的養護のもとで生活する子どもに対して限定的に実施されるべきものではなく，子どもの権利条約に掲げられるようにすべての子どもが有する権利が保障されるように実施されることが重要である。このため，子どもの生活を直接支え，子どもの権利が子ども自身に直接届くことが必要である。この理由から子どもの生活圏を基盤とした自治体レベルでの子どもの権利擁護の取り組みが非常に重要である。

　子どもの権利条約総合研究所の調べによれば，わが国では自治体における子どもに関する条例は2023（令和5）年5月現在で64自治体で施行されており，子どもに関する条例に基づく子どもの相談・救済機関（公的第三者機関）の設置は2022（令和4）年10月現在で44自治体となっている。

　これらの子どもの相談・救済機関では，それぞれの自治体の条例に基づいた子どもの権利擁護の取り組みを進めており，その取り組みの内容はそれぞれ異なる。代表的なものとして，学校や家庭などの子どもの生活場面での個別の相

談を子どもから受け付けるもの，受け付けた相談等の解決を図るため調査・調整活動を行うもの，子どもの権利擁護を図るための制度改善に向けて意見表明を行うこと，子どもの権利に関する広報・啓発活動などがある。

5　子どもの権利擁護の今後の方向性について

　前節にも示した通り，すべての子どもを対象にして子どもの権利条約にあるような子どもの権利を具体的に擁護することが求められる。一方でわが国では子どもの権利への社会的な理解が十分に浸透していないことも懸念される。

　国際的な子どもの権利の規定としては，2007年に制定されたパリ原則（Paris Principle）が挙げられる。この中で，子どもに関する人権機構（権利擁護機関）の設置を各国に求めている。この子どもの権利擁護機関には「個別救済」「制度改善」「モニタリング」「広報・啓発・権利に関する教育」の4機能と，子どものアドボカシー（意見表明支援や代弁）の取り組みのための仕組みが求められる。わが国においては前節で取り上げたように自治体の一部で子どもの権利擁護に関する施策を進めているところがあるが，その数は極めて限定的である。

　なお，わが国では2022（令和4）年の法整備により，こども基本法およびこども家庭庁設置法が制定された（施行は2023年4月1日）。こども基本法では日本国憲法および子どもの権利条約の精神にのっとり，子どもの権利擁護が図られる社会の実現を目指して，こども施策を総合的に推進することとなっている。これらの子どもの権利利益の擁護に関する事務を所管するために，こども家庭庁が設置されることとなった。今後，実効性のある子どもの権利擁護システムの構築が求められる。

参考文献

喜多明人・森田明美・広沢明・荒牧重人編（2009）『逐条解説　子どもの権利条約』日本評論社。

喜多一憲監修／堀場純矢編（2020）『子ども家庭福祉』みらい。

ケイ，E.／小野寺信・小野寺百合子訳（1979）『児童の世紀』冨山房。

国連 NGO・特定非営利活動法人子どもの権利条約総合研究所「子どもにやさしいまち」(http://npocrc.org/data　2022年 5 月31日閲覧)。
山縣文治 (2016)『子ども家庭福祉論』ミネルヴァ書房。

一問一答　　　　　　　　○か×か, 答えてみよう。解答は217頁を参照。

> 1．ルソーは1900年に著書『児童の世紀』で, 子どもの権利について取り上げた。
> 　　　　　　　　　　　　　　　　　　　　　　　　　　　　　　(　)
> 2．「児童の権利宣言」は, 1959年に国際連合総会で採択された。　　(　)
> 3．国際連合総会で1989年に採択された「児童の権利に関する条約」を, 日本は同年に批准した。　　　　　　　　　　　　　　　　　　　　　　　(　)
> 4．要保護児童の措置の実施の際には, あらかじめその理由について保護者等に説明するとともに, その意見を聴かなければならない。　　　　　　(　)
> 5．社会的養護のもとで生活する子どもは, 保護の対象となっているため, 子ども自身の持つ権利についての説明をする必要はない。　　　　　　　(　)

第12章

医療現場における権利擁護の仕組み

　自分自身が医療機関を訪ねるときに，どのような思いを抱くか想像してみてほしい。たとえば，病気を理解してもらえるのか？　わかりやすく説明を受けられるのか？　話を聞いてもらえるのか？　周りの人に自分の情報が漏れないか？　といった不安を抱く人も少なくないだろう。そのような人々に対し，医療機関におけるすべての行為については，正しい情報の説明が適切に提供され，患者・家族が自己決定をできることを保障しなければならない。そのうえで，患者・家族の権利の尊重やプライバシーの確保，個人情報の管理が行われていることが「安心して医療を受けたい」という思いを実現していくことにつながる。医療現場における権利擁護は大変重要なテーマである。本章ではこうした課題について，基本的な概念や根拠となる制度を通じて理解を深めてもらいたい。

1　インフォームド・コンセントの概要と歴史

　本節では，医療現場で日常的に行われているインフォームド・コンセントのもととなっている考え方や，患者の権利がどのように守られているのかを，歴史や事例を通して学ぶ。

（1）医療現場でのインフォームド・コンセントの重要性
　一般的にインフォームド・コンセント（informed consent）とは，information（説明）に基づく consent（同意）であり，医療機関においては，患者に対して

行うすべての行為をする際には，その行為について事前に説明し，患者から行為についての同意を得るということを意味する。このことは，医療領域に限ったことではないのだが，特に医療領域では重要視されている。それは，医療行為そのものが，身体に対する侵襲行為であるだけに，よりいっそう重要視する必要があるからである。

　日本国憲法第13条で規定される「個人の尊厳」がインフォームド・コンセントを支える基本理念である。患者が自分自身の身体についての自己決定を行うこと，また，説明を受けて患者が内容を十分に理解し自己決定できる能力を持ち，なおかつ，その決定が他人に害を及ぼさない限り，周りはその決定を尊重することが大切である。

　たとえば，がん宣告を受けた患者で考えると，治療が適応すると想定した場合，少しでも長生きするために副作用がある抗がん剤治療や放射線治療などを受ける選択をするのか，もしくは，たとえ生命は短縮したとしても，残された生命で自分らしく生きるために治療を受けないという選択をするかは，患者自身の生活背景や人生観や価値観などにより自己決定し，周りはほかの価値観を押し付けずその決定を尊重しなければならないのである。

　また，よりよい医療へと発展していくためには，医療者と患者との間での信頼関係の構築が必要不可欠である。医療従事者はただ医学的な判断に基づく治療方針等の提示を行うだけでなく，患者の意向や考え方，価値観に耳を傾け寄り添い，個人に応じた内容で，必要に応じて複数回の説明を実施することで，医療者と患者との間に信頼関係が構築されていくのである。そのため，医療従事者はただの説明で終わっていないか，患者の意思は置き去りになっていないかなどに細心の注意を払っていく必要がある。

（2）アメリカでのインフォームド・コンセントの概念と歴史

①　インフォームド・コンセントの始まり

　インフォームド・コンセントの概念の歴史をさかのぼると，第二次世界大戦後の1947年「ニュルンベルク綱領」や1964年「世界医師会のヘルシンキ宣言」に現代のインフォームド・コンセントの礎が見られる。しかし双方とも人体を

対象とする医学研究におけるものであり，臨床医療での患者の権利を守るものではなかった。「ニュルンベルク綱領」は，第二次世界大戦中にナチスドイツのユダヤ人虐殺や研究者によって非倫理的な人体実験が強制収容所などで数多く行われていたことへの反省から作られたものだが，医学研究での人体実験において「被験者の自発的な同意が絶対に必要である」などの10項目のガイドラインが定められており，被験者の権利が守られるものになっている。

　②　インフォームド・コンセントの概念の一般化

　インフォームド・コンセントの概念が一般化されはじめたのは1960年代にアメリカで始まった「患者の人権運動」といわれている。これは患者に対する医師の権威的な態度，すなわち医師のパターナリズムに対して不満と不安を感じた市民が起こしたもので，患者と医師の人間関係の改善を求めた運動である。それ以前のアメリカでは，一度医療契約が結ばれると，治療行為への同意は問題にされることがなく，患者自身の権利が守られる環境ではなかった。そのような考え方に患者が不信感を抱き，医師相手の医療提訴が増えてきた時期であった。

　裁判ではじめてインフォームド・コンセントという用語が使用されたのは，1957年カルフォルニア州控訴裁判所でのサルゴ判決である。法廷はこの事件の問題点を，腹部大動脈の造影検査を受けて下半身麻痺になった患者に対して事前に検査のリスクを説明していなかったこととし，同意の際に十分な情報が与えられていたかどうかを強く追及した。以降のアメリカでは同様の判決が数多く下され，医療におけるインフォームド・コンセントの重要性が確立されていった。

　③　インフォームド・コンセントの概念の拡大

　その後，インフォームド・コンセントは1973年「患者の権利章典に関する宣言」（アメリカ病院協会），1979年「患者の権利憲章」（イギリス政府），1981年「患者の権利宣言（リスボン宣言）」，1983年「生命倫理に関するアメリカ大統領委員会の最終報告」などに患者の権利を守る視点で取り入れられていった。「患者の権利章典に関する宣言」では，インフォームド・コンセントは，医療事故の紛争処理の場面に限ることなく，日常診療の場でも求められる必要性が

あるとされている。また，リスボン宣言では，患者自身がインフォームド・コンセントについての権利を有していることはもちろんのこと，十分な説明を聞いたうえで，治療を受けるか，それを拒否するかを選択できる自己決定権などの権利が定められている。さらに，「生命倫理に関するアメリカ大統領委員会の最終報告」では，インフォームド・コンセントは医療の場における意思決定の中軸であり，これを促進することは患者にとっても，医師にとっても有益であるとされている。

　このように，インフォームド・コンセントは当初，医療事故をめぐる裁判において法廷概念として強調されていたが，その後は医師と患者の信頼関係を構築するための原則として発展し，現在の臨床医療における患者の権利擁護に大きな影響を与えている。

（3）わが国のインフォームド・コンセントの歴史

　わが国の医療におけるインフォームド・コンセント概念の歴史を見ていくと，裁判では，1971（昭和46）年「乳腺症事件東京地裁判決」や1978（昭和53）年「札幌ロボトミー事件札幌地裁判決」などで，実施される医療行為について患者に十分な説明がない場合に，医師の責任が問われるようになった。その後，1980年後半からわが国でもインフォームド・コンセントの考えが強調されるようになっていった。

　①　日本医師会生命倫理懇談会「説明と同意」についての報告書

　1990（平成2）年に日本医師会生命倫理懇談会は「説明と同意」についての報告書を公表した。そこではインフォームド・コンセントを「説明と同意」と訳している。欧米諸国の説明と同意を参考にしながらも，わが国の医療の歴史や文化的な背景，国民性などに配慮しながら，わが国に適した「説明と同意」を目指していくことを強調している。

　わが国で説明と同意の重要性が急速に浮上してきた理由として，患者の医療に関する知識量が多くなり，疾病構造は急性期疾患から慢性期疾患へと移り変わり，なおかつ医療が専門化・細分化されていく中で，医師と患者の関係が単に知識と技術の伝達だけでは成立しなくなり，心と心の触れ合いの必要性が重

視されるようになってきたからである。医師には説明義務や裁量権があり，患者には真実を知る権利と自己決定権がある。この両者の均衡を医療の臨床現場で保つのは現実問題として極めて困難であるとされている。

　しかし，本報告書では，「説明と同意」に基づいた医療をわが国に根づかせなければならないとしている。それは，医師と患者の信頼関係を築く一つの契機になるからであり，その関係性が患者の知る権利や自己決定権などの尊重につながるからである。そのためには，医師は「説明と同意」に対して真摯に向き合い，患者の意見などを積極的に受け止めていく必要があると示されている。

　②　厚生省「インフォームド・コンセントの在り方検討会」報告書

　1992（平成4）年の医療法改正審議に伴い，厚生省（現在の厚生労働省）のもとに検討会を設置し，1995（平成7）年6月に検討結果報告書を公表した。

　報告書の冒頭では「医師が一方的に決める時代は終わった」「何の薬を飲まされているかわからないという時代は終わった」と医療は新しい在り方に向かっており，大きな転機を迎えているとされている。その転機を推進するキーワードとして，インフォームド・コンセントがあるとしている。しかし現場の医師たちからは「3分診療という現実の中では十分な説明は無理だ」「説明しても理解できない患者が多い」「アメリカのように医師が自己防衛的になるだけだ」などの否定的な意見が，当時は多く見られた。このような状態を打ち破るべく，患者も医療従事者も共に元気が出るような新しい関係を作る，いわば
　鎹
　としてインフォームド・コンセントを位置づけようというのが本検討会の委員の一致した意見としている。また，本報告書はこれを出発点として，医療従事者と国民のインフォームド・コンセントへの理解が深まり，よりよい医療と闘病への取り組みが進展することに期待して作成されたものである。

　さらに，本報告書では，インフォームド・コンセントを担う中心人物は医師としているものの，高度専門化した医療において多忙な医師だけにその責務を負わせるのではなく，看護師・薬剤師など多くの医療従事者とインフォームド・コンセントに関しての共通認識を図り，患者，家族に対して，一貫して継続的に説明とその後のフォローができるように医療チームとして取り組む必要性があるとされている。また，他職種間のチームだけではなく，組織的にイン

フォームド・コンセントの啓発活動や，ガイドラインの作成を行うことが重要である。これまでは，医師と患者の関係を中心に考えられていたが，これからの新しい医療の在り方に向けて，チーム，または組織で取り組むことが，インフォームド・コンセントを充実させていくために重要なことである。

　③　インフォームド・コンセントの明文化

　2006（平成18）年の医療法改正において，第 1 条の 4 第 2 項に「医師，歯科医師，薬剤師，看護師その他の医療の担い手は，医療を提供するに当たり，適切な説明を行い，医療を受ける者の理解を得るよう努めなければならない」という文言が追加されたが，これは，医師の説明と患者の理解だけをいっており，同意について言及したものではない。同意について明文化されているのは精神保健及び精神障害者福祉に関する法律の第41条についての指針である「良質かつ適切な精神障害者に対する医療の提供を確保するための指針」（平成26年厚生労働省告示第65号）においてである。「インフォームドコンセント（医師等が医療を提供するに当たり適切な説明を行い，患者が理解し同意することをいう（中略））の理念に基づき，精神障害者本位の医療を実現していくこと」，また，「精神障害者の医療及び保護の観点から，本人の同意なく入院が行われる場合でも，行動の制限は最小の範囲とし，併せて，インフォームドコンセントに努める」等のことが明記されている。

2　診療情報の提供等に関する指針

　厚生労働省は，「診療情報の提供に関する指針の策定について」の通知文（平成15年医政発0912001号）にて，診療記録の開示や診療情報の提供は，患者と医療従事者とのよりよい信頼関係の構築，医療の質の向上，医療の透明性の確保，患者の自己決定権，患者の知る権利の観点などから，積極的に推進することが求められてきたとしている。また，「生活習慣病等を予防し，患者が積極的に自らの健康管理を行っていく上でも，患者と医療従事者が診療情報を共有していくことが重要となってきている」としている。

　それを踏まえたうえで，本指針の目的や位置づけとして，インフォームド・

コンセントの理念や個人情報保護の考え方を踏まえ，医療従事者および医療機関の管理者の診療情報の提供等に関する役割や責任の内容の明確化・具体化を図るものであり，医療従事者等が診療情報を積極的に提供することにより，患者等が疾病と診療内容を十分に理解し，医療従事者と患者等が共同して疾病を克服するなど，医療従事者等と患者等とのよりよい信頼関係を構築することを目的とするとしている。ここでいう診療情報とは，診療の過程で医療従事者が知り得た患者の身体状況，病状，治療等についての情報である。また，診療記録とは，診療録，処方箋，看護記録，手術記録，レントゲンなど患者について作成，記録または保存された書類，画像等の記録である。退院した患者に係る情報も同様である。

3　個人情報保護法

　2003（平成15）年5月，個人情報の保護に関する法律（個人情報保護法）が成立し，2005（平成17）年4月から全面施行された。同法が施行されたこともあり，診療記録の開示や医療情報の管理は実質上法制化されたことになる。また，同法の成立を受け，2004（平成16）年12月，厚生労働省は個人情報保護法の趣旨を踏まえ，「医療・介護関係事業者における個人情報の適切な取扱いのためのガイドライン」を作成した。このガイドラインには，医療機関等が個人情報を取り扱う際の義務や，特に医療機関が慎重に取り組むべきこととして，個人情報の漏洩防止等のための安全管理措置や，診療記録等の開示を含む患者の権利の尊重，死者の情報の保護に関することが示されている。なお，死者に関する取り扱いについては，個人情報保護法では原則対象とならないが，同ガイドラインでは，前述した「診療情報の提供に関する指針」に従って，医療機関等は患者に対して診療情報の提供を行うとしている。

　また，同ガイドラインでは個人情報保護法第31条を根拠に，医療機関等は，個人情報の取り扱いに関する苦情への対応を迅速かつ適切に行うに当たり，窓口の設置やマニュアルを定めるなど，必要な体制の整備に努めなければならないと示されている。そのため，ウェブサイトや院内掲示板に個人情報に関する

苦情相談窓口案内の掲示を行うことや，院内に個人情報保護委員会などを設置
している医療機関が多い。

4　診療情報の提供とインフォームド・コンセントの具体的内容

（1）診療情報の提供方法

　①口頭による説明，②説明文書の交付，③診療記録の開示等，状況に即した
適切な方法で，診療情報の提供を行う必要がある。

（2）提供する診療情報の範囲

　①現在の症状，診断病名。②予後。③処置内容や治療の方針。④処方する薬
剤名，服用方法，効能や特に注意を要する副作用。⑤代替的治療法がある場合
には，その内容や利害得失（負担費用が大きく異なる場合には，それぞれの費用を
含む）。⑥手術や侵襲的な検査を行う場合には，その概要（執刀者と助手の氏名を
含む），危険性，実施しない場合の危険性および合併症の有無。⑦治療目的以
外に，臨床試験や研究など，他の目的も有する場合には，その旨および目的の
内容。

　以上の情報に関して，医療従事者には守秘義務があり，患者の同意を得ずに，
患者以外の者に対して法律上の規定がある場合を除き，開示してはならない。
また，患者が知りたくないと意思を表明した場合にはこれを尊重する必要性が
ある。

（3）診療記録の開示を求め得る者

　診療記録の開示を求め得る者は，原則として患者本人であるが，次の場合に
は，患者本人意外の者が開示を求めることができる。①患者に法定代理人がい
る場合は法定代理人。ただし，満15歳以上の未成年については，疾病のみの請
求を認めることができる。②診療契約に関する代理権が付与されている任意後
見人。③患者本人から代理権を与えられた親族およびこれに準ずる者。④患者

が成人で判断能力に疑義がある場合は，現実に患者の世話をしている親族およびこれに準ずる者。

（4）診療情報の全部または一部を提供しない選択をする場合

次の場合には，診療情報の全部または一部を提供しない選択をすることができる。①診療情報の提供が，第三者の利益を害するおそれがあるとき。たとえば，患者の状況等について，家族や患者の関係者が医療従事者の情報提供を行っている場合に，これらの者の同意を得ずに患者自身に当該情報を提供することにより，患者と家族や患者の関係者との人間関係が悪化するなど，これらの者を害するおそれがある場合。②診療情報の提供が，患者本人の心身の状況を著しく損なうおそれがあるとき。たとえば，病状や予後，治療経過等について患者に対して十分な説明をしたとしても，患者本人に重大な心理的影響を与え，その後の治療効果等に悪影響を及ぼすおそれがある場合。

以上のように情報提供をしない理由も画一的ではなく，個々の状況によるものである。そのため，医療チームまたは組織で慎重に判断しなければならない。また，医療従事者等は診療記録の開示の申立ての全部または一部を拒む場合には，原則として，申立人に対して文書によりその理由を示さなければならない。

（5）インフォームド・コンセントが成立する要件

インフォームド・コンセントが成立する要件は次の通りである。①患者の同意能力。患者に，説明された内容が理解できて，医療を受けるか否かを判断できる能力があること。②患者への説明。実施しようとしている医療について事前に十分な説明がなされていなければならない。③患者による説明の理解。医療従事者は，どの患者に対しても同じような説明を行うのではなく，個々の患者に応じてその患者が十分理解できるように説明において工夫が必要である。④患者の同意。同意については，患者の任意のものでなければならず，医療の有益性を誇張した説明や有害性を十分に説明しなかった場合の同意も有効ではない。

（6）インフォームド・コンセントの要件を満たすことが免除される場合

インフォームド・コンセントの要件を満たすことが免除される場合は，次の通りである。①患者自身の拒否。患者が自らインフォームド・コンセントを拒否した場合はインフォームド・コンセントが免除される。しかし，免除されるのは，これから行われる医療行為に限ってのことであり，その後に必要となった別の医療行為についてまで免除されるわけではないため，その際は再度の確認が必要である。②緊急事態。即座に医療を施さなければ患者の生命・身体に重大な危険をもたらす場合はインフォームド・コンセントに時間をかけることが困難なため，免除される。しかし，実施する医療について，説明する時間はないが，同意を得る時間がある場合には，同意を得る必要がある。③強制措置。医療は個人の利益だけではなく公益も目的としている。たとえば，精神保健及び精神障害者福祉に関する法律に規定されている措置入院（都道府県知事の権限で，精神障害のために自身を傷つけまたは他人に害を及ぼすおそれがあると認めたときは，その者を国等の設置した精神科病院または指定病院に入院させることができる）などの場合のように，強制措置の場合もインフォームド・コンセントは免除される。しかし，このような措置の場合においても，人権が適切に守られたうえで，医学的な必要性についての厳格な判断と，法的に定められた手続に則って行われることが大切である。④患者に同意能力がない場合。認知機能の低下などにより，患者に同意能力がない場合には代諾者に説明して代諾者から同意を得なければならない。この代諾者は患者の価値観を最も反映できる者であることが望ましいとされている。患者にとって最も近しい存在の者でないと，患者の価値観や思いを代諾するのは難しいため，配偶者，子，親，兄弟が多い。

5　インフォームド・コンセントに関する判例

これまで述べてきた通り，さまざまな報告書やガイドライン，法律などにより，医療機関でのインフォームド・コンセントは浸透してきている。それらの報告等とこれまでのインフォームド・コンセントに関わる多くの裁判での判例の内容とは，大きな差異はないとされている。そのため，裁判での判例を見て

いくことは，ここまでで学んだことの具体例に触れるという意味で，極めて重要であると考えられる。そこで本節では実際の裁判での判例として，第9章でも見たエホバの証人輸血拒否事件（最判2000年2月29日）を取り上げる。本事件は，説明義務違反や患者の人格権の侵害についての判決が下された代表的な事件である。

　患者はエホバの証人の信者で，悪性肝臓血管腫の診断を受けていた。患者は，いかなる事態に陥ったとしても輸血を受けることを拒否すると主治医へ固い意思表明をしていたが，担当医師らは輸血以外に救命手段がない場合には輸血するという方針を説明しないまま，手術を施行した。結果としては輸血をして手術は成功したが，原告らが，医師が患者の自己決定権を侵害したのは不法行為であると訴えた事案である。

　最高裁判所の判決としては，「医師らが肝臓の腫瘍摘出をするために，医療水準に従った相当な手術をすることは，人の生命及び健康を管理すべき業務に従事する者として当然のことであるということができる。しかし，患者が，輸血を受けることは自己の宗教上の信念に反するとして，輸血を伴う医療行為を拒否すると明確な意思を有している場合，このような意思決定をする権利は，人格権の一内容として尊重されなければならない。（中略）ところが医師らは本件手術に至るまでの約1カ月の間に，手術の際に，輸血を必要とする事態が生ずる可能性があることを認識したにもかかわらず，患者に対して病院が採用していた右方針を説明せず（中略）輸血する可能性があることを告げないまま本件手術を施行し，右方針に従って輸血したのである。そうすると，本件においては，医師らは，右説明を怠ったことにより，患者が輸血を伴う可能性があった本件手術を受けるか否かについて意思決定をする権利を奪ったもの（中略）人格権を侵害したものとして（中略）これによって被った精神的苦痛を慰謝すべき責任を負うものというべきである」としている。

　このように，手術は成功したとしても，意思決定能力のある患者に対して，十分な説明義務を果たせていなければ，不法行為と判断されるということである。これが，たとえば，救急患者であり意識もなく，信仰する宗教もわからない状態であればどうなっていたであろうか。おそらくそのような状況下であれ

ば，病院の基準や医師の裁量権を基準として判断せざるを得ないであろう。しかし，今回のように患者と十分向き合う時間があったにもかかわらず患者への説明を怠り，患者の自己決定権を尊重することができなかったような場合は，専門的な知識において優位な立場にある医師が一方的に方針を決定することになり，かつて問題とされていた，医師のパターナリズムに陥る可能性が大いにあると考えられる。医師だけでなく医療従事者は，インフォームド・コンセントに対して真摯に向き合っていく必要がある。

参考文献

厚生労働省（1995）「インフォームド・コンセントの在り方に関する検討会報告書――元気の出るインフォームド・コンセントを目指して」（https://www.umin.ac.jp/inf-consent.htm　2022年9月1日閲覧）。

厚生労働省（2003）「診療情報の提供等に関する指針」（https://www.mhlw.go.jp/shingi/2004/06/s0623-15m.html　2022年9月1日閲覧）。

厚生労働省（2017）「医療・介護関係事業者における個人情報の適切な取扱いのためのガイダンス」（https://www.ppc.go.jp/personalinfo/legal/iryoukaigo_guidance/　2022年9月1日閲覧）。

厚生労働省（2018）「人生の最終段階における医療・ケアの決定プロセスに関するガイドライン」（https://www.mhlw.go.jp/file/04-Houdouhappyou-10802000-Iseikyoku-Shidouka/0000197701.pdf　2022年9月1日閲覧）。

谷田憲俊（2013）『具体例からはじめる患者と医療従事者のためのインフォームド・コンセント取扱説明書』診断と治療社。

福﨑博孝・増﨑英明（2015）『裁判例から学ぶインフォームド・コンセント』民事法研究会。

前田正一編（2005）『インフォームド・コンセント――その理論と書式実例』医学書院。

町野朔（2018）「インフォームド・コンセントの誕生と成長」日本医師会（https://www.med.or.jp/doctor/rinri/i_rinri/b02.html　2022年9月1日閲覧）。

一問一答　　　　　　　　○か×か，答えてみよう。解答は217頁を参照。

1．緊急なときでも，インフォームド・コンセントは省略することはできない。
（　　）

2．インフォームド・コンセントは，医療法の義務規定として盛り込まれている。
（　　）

3．患者に説明をするときなどは医療用語を使用してよい。　　（　　）

4．個人情報保護法で対象としている個人情報の範囲は，生存している個人に関する情報である。　　（　　）

第13章

権利擁護に関わる専門職と団体

　本章では，権利擁護に関わる代表的な組織，団体，専門職として「家庭裁判所」「法務局」「市町村」「社会福祉協議会」および「弁護士」「司法書士」の役割について理解を深め，わが国における権利擁護の仕組みについて学ぶ。

1　家庭裁判所

（1）わが国の裁判制度

　裁判所には，最高裁判所，高等裁判所，地方裁判所，家庭裁判所，簡易裁判所があり，最初の裁判（第一審）は事件の内容によって，原則として，地方裁判所，家庭裁判所，簡易裁判所のいずれかで行われる。地方裁判所では民事裁判や刑事裁判，民事調停，家庭裁判所では家事審判・家事調停や少年審判，人事訴訟などを取り扱っている。また，簡易裁判所では，金額が比較的少額の民事裁判と比較的軽い罪の刑事裁判のほか，民事調停などを扱っている。

　第1章でも見たように，わが国では，公平で慎重な裁判を行い，裁判の誤りを防ぎ人権を守るために，原則として三審制が導入されている（図13-1）。

（2）家庭裁判所の役割

　家庭裁判所は，地方裁判所と同じ下級裁判所の一つであり1949（昭和24）年に創設された。各都道府県と一部主要都市に本庁が50か所，支部が203か所，交通が不便な地域などには出張所として77か所が設けられている。

　主として法律的な判断による判決を下すほかの裁判所とは異なり，家庭裁判

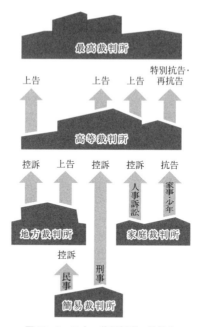

図 13 - 1　日本の裁判制度の仕組み

出所：政府広報オンライン「公平な裁判を通じて 国民の権利と自由を守る『裁判所』の仕事を見に行こう！」(https://www.gov-online.go.jp/useful/article/201404/2.html　2022年 6 月 3 日閲覧)。

　所では家庭内の紛争（家事事件）や，少年非行（少年事件）を包括的・専門的に取り扱うため，心理学・教育学・医学等の専門的な見地から人間関係や環境など背景にある要因を考慮し，事案に応じた適切・妥当な措置を講じていくことで，再び紛争や非行が起こらないようにすることを目的としているのが特徴である。

　そのため家庭裁判所には，裁判官のほかに，家庭裁判所調査官や（図 13 - 2），事件の当事者の心身の状況に関する調査等を行う医務室技官（医師・看護師）などが配置されている。また，民間から選任される非常勤職員として，裁判官と共に家事調停を運営する家事調停委員，審判に立ち会って意見等を述べて裁判官の判断を補佐する参与員などがいる。

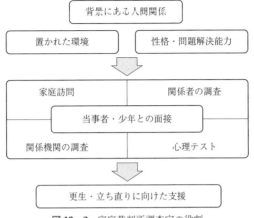

図 13 - 2　家庭裁判所調査官の役割

出所：筆者作成。

（3）家庭裁判所が取り扱う事件

　家庭裁判所で取り扱うのは，①家事事件手続法で定める家庭に関する事件の審判および調停（以下，家事事件），②人事訴訟法で定める人事訴訟の第一審裁判，③少年法で定める少年の保護事件の審判である（裁判所法第31条の 3 ）。

　①　家事事件

　家事事件には，家事審判に関する事件と家事調停に関する事件がある（家事事件手続法第 1 条）（表13 - 1 ）。

　②　人事訴訟事件

　夫婦の離婚，養親子の離縁，子どもの認知，親子関係の存否など，夫婦や親子等の関係についての争いを解決する訴訟である。夫婦や親子等の関係についての争いは，基本的に話合いにより解決するのが適当であるため，家事調停で解決ができない場合にのみ人事訴訟を起こすという調停前置主義がとられている。

　③　少年事件

　少年事件とは20歳未満の罪を犯した少年や罪を犯すおそれのある少年による事件をいう。2022（令和 4 ）年 4 月 1 日から，民法の成年年齢が20歳から18歳に引き下げられたが，罪を犯した場合にも適切な教育や処遇による更生が期待

表13-1　家事事件の主な内容

家事審判事件	成年後見・保佐・補助の開始，成年後見人・後見監督人の選解任，相続放棄，親権の喪失・停止・養子縁組の許可，推定相続人の排除，遺言書の検認など
家事調停事件	親権者の指定・親権者の変更，子の監護に関する処分（養育費請求・面会交流など），婚姻費用の分担，遺産分割など

出所：筆者作成。

表13-2　家庭裁判所が少年事件として扱う事件

犯罪少年	罪を犯した14歳以上20歳未満の少年
触法少年	刑罰法令に触れる行為をしたが，そのとき14歳未満であったため，法律上，罪を犯したことにならない少年
虞犯少年	18歳未満で，保護者の正当な監督に従わないなどの不良行為があり，その性格や環境からみて，将来罪を犯すおそれのある少年

出所：筆者作成。

できることから少年法では「少年とは20歳に満たない者」として適用年齢を20歳未満としている（少年法第2条第1項）。家庭裁判所が少年事件として取り扱うのは，主に表13-2のような少年の事件である。

2　法務局

（1）法務局の役割

　法務局は，法務省の地方組織の一つとして，①国民の財産や身分関係を保護する，登記，戸籍，国籍，供託の民事行政事務，②国の利害に関係のある訴訟活動を行う訟務事務，国民の基本的人権を守る人権擁護事務を行っている。

　法務局の組織は，全国8か所に法務局があり，都道府県（北海道はその一部）を単位とする地域を受け持つ地方法務局が42か所に置かれている。

（2）法務局が取り扱う主な事務内容

　法務局，地方法務局および支局では，登記，戸籍，国籍，供託，訟務，人権擁護の事務を行っており，出張所では主に登記の事務を行っている（表13-3）。

表 13 - 3　法務局が行う主な事務内容

登記	重要な権利や義務などを社会に向けて公示し，それらを保護したうえで取引を円滑にするために定められている法制度であり，不動産登記，商業登記，法人登記，動産譲渡登記，債権譲渡登記，成年後見登記，船舶登記などの種類がある
戸籍	日本人が出生してから死亡するまでの身分関係（出生，結婚，死亡，親族関係など）について登録・公証するもの
国籍	外国人の帰化許可申請，国籍取得届および日本人からの国籍離脱届の受付，審査などの業務
供託	供託者が，ある目的（債務の弁済など）をもって，金銭などを供託所（法務局）に提出し，最終的に供託所がその財産をある人（被供託者）に取得させることによって，その目的を達成させるための制度
訟務	国民の利害に関係のある民事に関する争訟および行政に関する争訟の処理に関する事務
人権擁護	国民の基本的人権を擁護するため，人権侵犯事件の調査・処理，人権相談，人権尊重思想の啓発活動などに関する事務

出所：法務局ウェブサイト（https://houmukyoku.moj.go.jp/homu/static/index.html　2022年 6 月 5 日閲覧）をもとに筆者作成。

3　市町村

（1）市町村の役割

　地方公共団体は国から与えられた自治権を行使する団体である。広域行政としての都道府県と，基礎自治体としての市町村に分けられる。都道府県は「市町村を包括する広域的な地方公共団体」であり，市町村は「基礎的な地方公共団体」とされている（地方自治法第 2 条第 3 項）。市町村はさらに，政令指定都市，中核市に分けられる（表 13 - 4 ）。

　近年では，2011（平成23）年から2013（平成25）年にかけて「地域の自主性及び自立性を高めるための改革の推進を図るための関係法律の整備に関する法律」（いわゆる地域主権改革一括法）が制定され，地方自治体へ権限が移行され，市町村は住民に最も身近な行政機関として権限と責任が拡大している。

表13-4　行政組織の要件と役割

国	法令の制定など制度の基本的な枠組みの設定などを行う		
都道府県	広域的な事務，高度な技術や専門性を必要とする事務，市町村に対する連絡調整等を行う		
市町村	基礎的な地方公共団体。住民に身近な事務を行う		
	市	人口5万人以上を有すること等が要件	
		政令指定都市	人口50万人以上等が要件 都道府県が実施する事務の多くが委譲される
		中核市	人口20万人以上等が要件 都道府県が実施する事務の一部が委譲される
	町村	「町」の要件は，都道府県がそれぞれ条例で定める要件を満たすこと	
特別区	東京23区（市に準ずる基礎的な地方公共団体）		

出所：いとう総研資格取得支援センター編（2021）『見て覚える！　社会福祉士国試ナビ2022』中央法規出版，203頁をもとに筆者作成。

（2）市町村における主な福祉に関する事務

市町村では，市町村長，市町村議員が選挙で選ばれ，市町村議会が議決機関として位置づけられている。

また，福祉行政の専門機関として，社会福祉法によって「都道府県及び市（特別区を含む（中略））は，条例で，福祉に関する事務所を設置しなければならない」（第14条第1項）と規定されている。なお，町村は，任意で設置することができる。

都道府県の設置する福祉に関する事務所は，「生活保護法，児童福祉法及び母子及び父子並びに寡婦福祉法に定める援護又は育成の措置に関する事務のうち都道府県が処理することとされているものをつかさどる」（社会福祉法第14条第5項）とされている。また，市町村の設置する福祉に関する事務所は，「生活保護法，児童福祉法，母子及び父子並びに寡婦福祉法，老人福祉法，身体障害者福祉法及び知的障害者福祉法に定める援護，育成又は更生の措置に関する事務のうち市町村が処理することとされているもの（政令で定めるものを除く。）をつかさどる」（同第14条第6項）とされている。

福祉事務所には，所長および所員等（福祉事務所長，指導監督を行う所員，現業を行う所員，事務を行う所員）が配置されており，そのほかにも老人福祉の業務

に従事する社会福祉主事，身体障害者福祉司，知的障害者福祉司などが配置されることもある（同第15条）。

　そのほかにも，福祉事務所の職務については，上述した社会福祉法に規定された事務を行いながら，その職務遂行に支障がない場合には，他の社会福祉，保健医療に関する業務も行うことができるとされている（同第17条）。所員の定数は，福祉事務所が所在する地域の実情にあわせて条例で定めることとされている（同第16条）。ただし，現業を行う所員の数については，都道府県，市（特別区を含む），町村についてそれぞれ標準の定数が定められている。

4　社会福祉協議会

（1）社会福祉協議会の役割

　社会福祉協議会は，福祉関係者，福祉団体，関係機関によって組織された，公共性・公益性の高い営利を目的としない民間団体である。社会福祉法では，「地域福祉の推進を図ることを目的とする団体」（第109条第1項，第110条第1項）と規定されている。

　現在，全国社会福祉協議会，都道府県・指定都市社会福祉協議会，市区町村社会福祉協議会が各地方自治体に社会福祉法人として組織化されており，全国にネットワークを持つ福祉組織となっている。

　社会福祉協議会は，①地域における住民組織と公私の社会事業関係者等により構成され，②住民主体の理念に基づき，地域の福祉課題の解決に取り組み，誰もが安心して暮らすことのできる地域福祉の実現を目指し，③住民の福祉活動の組織化，社会福祉を目的とする事業の連絡調整および事業の企画・実施を行う，④市区町村，都道府県・指定都市，全国を結ぶ公共性と自主性を有する民間組織であり，わが国の地域福祉の中心的な役割を担っている。

（2）社会福祉協議会の活動内容

　社会福祉協議会の数は，表13-5の通りである。職員配置については，各社会福祉協議会に委ねられているが，市区町村社会福祉協議会には「福祉活動専

表13-5　社会福祉協議会の数

全国社会福祉協議会	1か所
都道府県・指定都市社会福祉協議会	67か所
市区町村社会福祉協議会	1,825か所

注：全国社会福祉協議会調べ（2021年4月現在）。
出所：筆者作成。

門員」，都道府県社会福祉協議会には「福祉活動指導員」，全国社会福祉協議会には「企画指導員」を配置することが定められており，いずれも任用要件として社会福祉主事任用資格を有する者とされている。

①　全国社会福祉協議会の活動内容

全国社会福祉協議会は，都道府県社会福祉協議会の連合会として，また全国段階の社会福祉協議会として設置されている。全国の福祉関係者や福祉施設等事業者の連絡・調整や，社会福祉のさまざまな制度改善に向けた取り組み，また社会福祉に関する図書・雑誌の刊行，福祉に関わる人材の養成・研修といった事業を通じて，わが国の社会福祉の増進に努めている。そのほか，アジア各国の社会福祉への支援など福祉分野の国際交流にも努めている。

②　都道府県・指定都市社会福祉協議会の活動内容

都道府県・指定都市社会福祉協議会は，市区町村社会福祉協議会の連絡調整や支援・指導，福祉関係者に対する専門的な研修事業の実施などを連携して行うなど，都道府県（指定都市）を対象とする事業の展開を行っている。

また，生活福祉資金貸付事業，ボランティア活動の振興，小中高校における福祉教育の推進，さらには「福祉人材センター」における福祉の仕事に関する求人・求職情報の提供などの事業も行っている。

近年では，「日常生活自立支援事業」（旧地域福祉権利擁護事業）を市区町村社会福祉協議会と連携して実施しており，さらに福祉サービスに関する苦情を受け付け，問題の解決を図る「運営適正化委員会」が設置され，サービス事業者の適正な事業運営と，サービス利用者の支援に向けた取り組みが進められている。そのほかにも，「福祉サービスの第三者評価事業」「介護サービス情報の公表事業」などの実施や，災害時には災害時ボランティアセンターを立ち上げる

などして被災地支援にも積極的に取り組んでいる。

　なお，指定都市社会福祉協議会は都道府県社会福祉協議会に準じた活動を行っている。

③　市区町村社会福祉協議会の活動内容

　市区町村社会福祉協議会は，住民に最も身近な地域で活動している社会福祉協議会である。高齢者や障害者の地域における自立生活を支援するために，ホームヘルプサービス（訪問介護）やデイサービス（通所介護）などの制度的なサービスの提供を行っている。

　そのほか，ボランティアセンターを設置するなど，多様な住民の福祉ニーズに応えるために，地域の実情に即した独自の事業にも取り組んでいる。市区町村社会福祉協議会は，地域のさまざまな社会資源とのネットワークを有しており，多くの人々との協働によって地域福祉の推進活動を行っている。

5　弁護士

（1）弁護士の役割

　弁護士は，「基本的人権を擁護し，社会正義を実現することを使命とする」（弁護士法第1条第1項）とされており，「誠実にその職務を行い，社会秩序の維持及び法律制度の改善に努力しなければならない」（同第1条第2項）とされている。

　人間社会では，両者の主張が対立し，事件や紛争となることがある。それらの解決に向けて弁護士は法律の専門家の立場から，適切な対処方法および解決策のアドバイスや，紛争を防止するためのアドバイスを行う。そのため弁護士は，法廷活動，紛争予防活動，人権擁護活動，立法や制度の運用改善に関与する活動，企業や地方公共団体などの組織内での活動など，社会生活のあらゆる分野で活動している（図13-3）。

　弁護士になるためには，原則として司法試験に合格し，司法修習を終えることが必要である。そのうえで，日本弁護士連合会に弁護士として登録をするとともに，全国に52ある弁護士会のどれかに入会することによって弁護士として

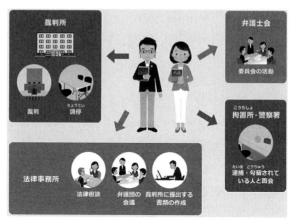

図13-3　弁護士が活躍している場所

出所：日本弁護士連合会（日弁連子どもページ）「弁護士はどんな仕事を
しているの？」（https://www.nichibenren.or.jp/ja/kids/bengoshi.html
2022年6月6日閲覧）。

活動することができる。

（2）弁護士の主な仕事の内容

　弁護士の主な仕事内容は，トラブルの解決に向けたアドバイスから，遺言書，
契約書などの書面の作成，依頼者の権利を実現するための手続や交渉，被疑
者・被告人の弁護活動など多岐にわたる。主な分野における仕事の内容は以下
の通りである。

　① 　民事事件

　金銭の貸借，不動産の賃貸借，売買，交通事故，欠陥住宅や医療過誤などの
普段の生活の中で起こる争い事，さらに，離婚や相続などの家事事件，商事事
件，労働事件，行政事件なども含まれる。

　弁護士は，これらの事件について，法律相談，和解・示談交渉，訴訟活動や
行政庁に対する不服申立てといった法律事務などを行う。

　② 　刑事事件

　犯罪を行ったとして検察官から起訴された被告人の弁護人として，被告人の
正当な権利利益を擁護するため，被告人にとって有利となる事情を主張したり，

事実の立証をする。そのため，弁護人は訴訟記録を検討したり，被告人と会って事情を聴くなどの弁護活動を行う。

③　少年事件

少年の付添人として，家庭裁判所に協力して少年の健全育成という目的を適正に実現させる役割と，少年の権利利益を守る弁護人的な役割を果たしている。

④　家事事件

当事者から依頼を受けて代理人として，手続上必要な書類の作成や主張・立証活動などを行う。また，家庭裁判所によって財産管理人や後見人などに選任されることもある。

6　司法書士

（1）司法書士の役割

司法書士とは，専門的な法律の知識に基づき，「登記，供託，訴訟その他の法律事務の専門家として，国民の権利を擁護し，もつて自由かつ公正な社会の形成に寄与することを使命とする」（司法書士法第1条）国家資格である。司法書士と名前にあるように，法律関係の書類作成が基本となる職業である（表13-6）。司法書士になるには，国家試験である司法書士試験に合格するか，法務大臣の認可を受ける必要がある。

（2）司法書士の主な仕事の内容

司法書士は，裁判所・検察庁・法務局などに提出する書類の作成や，登記・供託の手続，審査請求をすることが主な役割である。こうした役割を果たしながら以下の①～⑤のような業務を行っている。なお，近年，司法書士の業務は多岐にわたり，認知症の高齢者等の権利を守るための「成年後見人」や，認定を受けた司法書士は簡易裁判所で「訴訟代理人」になったり，相続対策として遺言書や民事信託契約を作成するなど，さまざまな形で市民の生活をサポートしていることから「市民の身近な法律家」と呼ばれることもある。

表13-6　司法書士の行う主な事務と制度の内容

登記事務 （登記に関する書面の作成と手続の代理）	登記および登記制度とは，重要な権利や義務などを社会に向けて公示し，それらを保護したうえで取引を円滑にするために定められている法制度の一つ。登記をすることにより，第三者に対して権利を主張したり，社会からの信用を得たりすることができるようになる
供託事務 （供託に関する書面の作成と手続の代理）	供託とは，債務者が債権者に対してお金を支払おうとしているにもかかわらず，債権者が金銭の受領を拒絶している場合や債権者がお金を受領することができない場合に，法務局にある供託所にお金を預けて，債権者に金銭を支払ったことにする制度
裁判事務 （裁判所，検察庁，法務局に提出する訴状，告訴状，帰化申請書などの書面の作成）	家庭裁判所，簡易裁判所，地方裁判所などに提出する訴状や申立書，準備書面といったあらゆる書類の作成。さらに，司法書士は簡易裁判所において請求額が140万円までの民事紛争について，民事訴訟手続，即決和解手続，支払督促の手続，証拠保全の手続，民事保全の手続，民事調停の手続の代理人となることができる

出所：筆者作成。

① 不動産登記手続の代理

不動産に関する権利を公示するための登記の手続の代理。

② 商業登記手続の代理

会社や各種法人に関する情報を公示する登記（会社の商号，本店，発行済株式の総数，資本金の額，役員などの情報）の手続の代理。

③ 簡易裁判所での訴訟代理

訴額が140万円以下の事件を扱う簡易裁判所では，認定を受けた司法書士は代理人として訴訟に関わることができる。司法書士は，訴訟を起こす側（原告）の代理人になることも，訴えられた側（被告）の代理人になることもできる。

④ 成年後見人

自ら契約や財産管理をすることが難しい人に代わって，成年後見人としてそれらの事務を行う。弁護士，行政書士，社会福祉士なども成年後見人となっているが，司法書士が最も多く選任されている。

⑤ 相続関連業務

相続に伴い発生するさまざまな手続において，書類作成やアドバイスなどの業務を行う。

参考文献

日本司法書士連合会ウェブサイト（https://www.shiho-shoshi.or.jp/　2022年6月5日閲覧）。

日本弁護士連合会「弁護士の使命と役割」（https://www.nichibenren.or.jp/legal_info/lawyer/mission.html　2022年6月5日閲覧）。

山口光治編（2021）『権利擁護を支える法制度』みらい。

臨床福祉シリーズ編集委員会編（2021）『権利擁護を支える法制度』弘文堂。

一問一答　　　　　　　　　〇か×か，答えてみよう。解答は218頁を参照。

1．成年後見人に不正な行為，著しい不行跡などの事実がある場合，家庭裁判所は，職権で成年後見人を解任できる。　　　　　　　　　　　　（　　）

2．公正証書遺言は，家庭裁判所の検認を必要とする。　　　　（　　）

3．成年後見登記事項証明書の交付事務を取り扱う組織として法務局がある。　　　　　　　　　　　　　　　　　　　　　　　　　　　（　　）

4．日常生活自立支援事業の実施主体である都道府県社会福祉協議会は，事業の一部を市区町村社会福祉協議会に委託することができる。　　　（　　）

5．弁護士，司法書士，行政書士，社会福祉士などが成年後見人となることができるが，弁護士が最も多く成年後見人に選任されている。　　　（　　）

第IV部

成年後見制度と
自立支援事業

第14章

成年後見制度の概要

判断能力が不十分な人を対象とした権利擁護の仕組みを構築していくことが社会的に求められている。本章では，成年後見制度について法定後見制度と任意後見制度の概要を解説し，成年後見制度の担い手である専門職後見人や市民後見人などについて具体的に説明していく。

本章を読み進め，法定後見であれば，後見・保佐・補助といった各類型の特徴とその対象者，任意後見であれば契約の効力発生の要件，利用者像を押さえながら，権利擁護について考えてほしい。

1　成年後見制度とは

（1）成年後見制度の創設経緯

成年後見制度は認知症，知的障害，精神障害などによって判断能力が不十分な状態にある人を守り，支援する，民法で規定された制度である。従来，判断能力が不十分な人々のための制度としては，禁治産・準禁治産者制度があり，判断能力が不十分な場合に財産管理などを制限していたが，運用上の課題が多く指摘されていた。たとえば，禁治産者になるとその事実が公示され，本人の戸籍に記載され，社会的な偏見や差別を助長することがあり，心理的な抵抗を生みやすく，十分に利用されてこなかった。

2000（平成12）年に介護保険制度が誕生し，措置制度から契約制度に移行することで，サービス提供事業者を自ら選択して契約を結ぶ方式へと転換された。それに伴い，判断力が不十分な状態にある本人の契約をサポートする仕組みが

図14-1 成年後見制度の種類

出所：筆者作成。

求められ，介護保険制度と同時期に民法が改正され，禁治産・準禁治産者宣告制度から成年後見制度へと移行された。

成年後見制度では，①自己決定の尊重，②残存能力の活用，③ノーマライゼーションなどを理念とし，可能な限り本人の意思を尊重しながら，状況に応じて十分な保護を行うという「自己決定と本人保護との調和」が目指されている。

（2）成年後見制度の種類

成年後見制度は，図14-1のように法定後見制度と任意後見制度に分けられる。法定後見制度は，本人の判断能力が不十分な状態になってから，家庭裁判所に成年後見人等選任の申立てを行うものであり，後見・保佐・補助という3類型がある。この3類型において，制度を利用する本人を成年被後見人，被保佐人，被補助人といい，支援を行う者（法人を含む）を成年後見人，保佐人，補助人という。

一方の任意後見制度は，任意後見契約に関する法律に基づき，本人の判断能力がある状態のときに契約によって任意後見受任者を選任し，本人の判断能力が低下した際に家庭裁判所に任意後見監督人の申立てを行う制度となっている。任意後見の委任者を本人，支援を行う者（法人を含む）を任意後見人という。任意後見制度は事前に契約した範囲の代理権の付与はなされるものの取消権が付与されないという特徴があり，本人の心身の状態や生活ニーズに合わせて利用する制度を考えていく。

2　法定後見制度

（1）代理権の内容

　後見・保佐・補助の各類型により，特定の法律行為を本人の代わりに行うことができる「代理権」の内容が異なる（表14‐1）。まず，成年後見人は成年被後見の財産の管理およびその財産に関する法律行為について包括的な代理権を持っている（民法第859条第1項）。この包括的な代理権には，預貯金の管理や介護・医療サービスなどの支払いといった財産管理だけでなく，介護サービスの利用契約や施設への入所契約，医療契約といった身上監護（生活・療養看護）を目的とした法律行為も含まれる。

　一方，保佐人，補助人については，原則として代理権は付与されていない。そのため，家庭裁判所に対し，特定の代理権を付与する旨の申立てを行い，審判がなされる必要があり，限定的な代理権となっている。そして，この審判を受けるためには，本人の同意が必要となっている（同第876条の4および9）。

　また，成年後見人等に共通する内容として，居住用不動産を処分（売却，賃貸，抵当権・根抵当権の設定，賃貸借契約の締結や解除など）をする際は家庭裁判所の許可が必要である（同第859条の3）。

（2）取消権の範囲

　成年後見人は，成年被後見人が行った法律行為を原則として取り消すことができる。ただし，食料品・衣料品等の買い物，電気・ガス代，水道料等の支払いといった日用品の購入や日常生活に関する行為については取り消すことができない（同第9条）。また，保佐人は民法第13条第1項に規定されている重要行為については同意権を付与され，それ以外の行為についても家庭裁判所への申立てをして付与審判をもらえれば拡張でき，保佐人の同意を得ずに行った行為を取り消すことができる（同第13条第2項）。そして，補助人は民法第13条第1項に規定されている重要行為の一部について，家庭裁判所への申立てをして付与審判をもらえれば付与され，補助人の同意を得ずに行った行為を取り消すこと

表14-1　成年後見制度の比較

	任意後見契約	法定後見		
		後　見	保　佐	補　助
制度の内容	・本人に判断能力があるうちに，将来，任意後見人となる人との間で「任意後見契約」を締結する。 ・判断力が減退したときに契約を発動させる。 ・任意後見人を任意後見監督人がチェックする。	・判断力が減退した者に対して，家庭裁判所が後見人等を選任する。 ・家庭裁判所への申立てが必要。 ・申立てできる人は本人，配偶者，4親等以内の親族，市町村長，法定後見人等，任意後見人，後見監督人等，検察官に限定されている。		
本人の現在の能力	契約時には，契約を理解する能力が必要（公証人が能力確認を行う）。	判断力を常に欠いている	現在，判断力が著しく不十分	現在，判断力が不十分
鑑定の要否	不　要	原則として必要		不　要
申立て時の本人同意	関係なし	不　要		必　要
制度の開始時期	本人の判断力が不十分になったときに，家庭裁判所に申し立て，任意後見監督人が選任されると，任意後見が開始する。	家庭裁判所が選任して審判が確定する。		
管理人の選択	選べる（後見監督人は家庭裁判所が選任する）。	選べない。家庭裁判所が選任する（推薦はできる）。		
代理権の有無	契約で定める。	包括的な代理権あり（民法第859条）。ただし，居住用不動産の処分については，家庭裁判所の許可を要する（民法第859条の3）。	・原則として代理権はない。 ・家庭裁判所に申し立てて，家庭裁判所に特定の行為についての代理権を付与してもらうことはできる。ただし，この審判をするには，本人の同意が必要。	
取消権の有無	ない。	ある（民法第9条）。ただし，日常生活に関する行為は除く。	・民法第13条に規定する重要行為については当然に取消権あり。 ・それ以外の行為についても取消権が必要な場合は，行為を特定して家庭裁判所に申し立て，付与審判をもらう。	・当然には取消権はない。 ・必要な場合は，特定の行為について家庭裁判所に申し立て，取消権付与審判をもらうことになるが，本人の同意が必要であるし，民法第13条第1項の重要行為に限る。

出所：高齢者・障害者総合支援センターひまわり「成年後見・財産管理（パンフレット）」（https://soudan.osakaben.or.jp/himawari/10/pdf/kouken_01_full.pdf　2022年6月2日閲覧）より一部筆者改変。

ができる（同第17条）。また，この同意権付与のために家庭裁判所への申立てを
行うには，本人の同意が必要となる。民法第13条第１項における重要行為は以
下の通りである。

---

(1)　元本を領収し，または利用すること

(2)　借財または保証をすること

(3)　不動産その他重要な財産に関する権利の得喪を目的とする行為をすること

(4)　訴訟行為をすること

(5)　贈与，和解または仲裁合意をすること

(6)　相続の承認もしくは放棄または遺産の分割をすること

(7)　贈与の申込みを拒絶し，遺贈を放棄し，負担付贈与の申込みを承諾し，または
　　負担付遺贈を承認すること

(8)　新築，改築，増築または大修繕をすること

(9)　民法第602条（短期賃貸借）に定める期間を超える賃貸借をすること

(10)　(1)から(9)までに掲げる行為を制限行為能力者（未成年者，成年被後見人，被保
　　佐人および民法第17条第１項の審判を受けた被補助人をいう）の法定代理人とし
　　てすること

（3）成年後見人等の義務

　成年後見人等に共通する内容として，財産管理・身上監護に関する事務を行
うに当たり，善管注意義務を負う（同第644条，第869条，第876条の５第２項，第
876条の10第１項）。善管注意義務とは，「善良な管理者の注意義務」の略で，成
年後見人等を担う者の能力，社会的地位などから考えて期待される程度の注意
のことをいい，自己のためにするのと同一の注意よりも強い程度の注意が求め
られる義務である。

　また，成年被後見人の意思を尊重し，その心身の状態や生活の状況に配慮す
る「本人意思尊重義務・身上配慮義務」を負うことになる（同第858条，第876条
の５第１項，第876条の10第１項）。これらの義務の中で，身上監護義務に関する
事務については，介護のように直接本人に対して行う事実行為，医的侵襲行為
への同意といった内容は含まれないと解釈されている。

（4）成年後見監督人

　家庭裁判所は，必要があると認めるときは，被後見人やその親族，もしくは成年後見人の請求や職権で後見監督人を選任することができる（同第849条）。後見監督人の職務は，成年後見人等の監督，成年後見人等が欠けた場合に遅滞なくその選任を家庭裁判所に請求すること，急迫の事情がある場合に必要な処分をすること，成年後見人等またはその代表する者と本人との間で「利益を相反する行為」について，本人を代理することなどが挙げられる。この「利益を相反する行為」とは，たとえば本人が所有する不動産を成年後見人等が購入する場合，売買価格や条件などを成年後見人等が自由に設定できてしまう。このように公正な代理権の行使が期待できないような場合が想定される。

　また，後見監督人はいつでも，成年後見人等に対して事務報告や財産目録の提出を請求したり，後見の事務や被後見人等の財産の状況を調査したりすることができる（同第863条）。

3　任意後見制度

（1）任意後見の開始

　任意後見制度は，本人が将来において判断能力が不十分になったときに備え，自分で選んだ任意後見人に身上監護や財産管理等に関する事務について代理権を付与する「任意後見契約」を公正証書で契約しておくものである。自らの意思で後見人を選択することができるので，自己決定の理念が反映された制度であるといえる。

　任意後見契約は，家庭裁判所から任意後見監督人が選任されることで契約の効力が発生する。法定後見制度と異なり，後見監督人が必ず選任されることになっている。審判の申立てができるのは，本人，配偶者，4親等以内の親族，任意後見受任者である。

（2）任意後見の利用形態

　任意後見はあくまでも将来に向けた契約であり，判断力が低下した状態にな

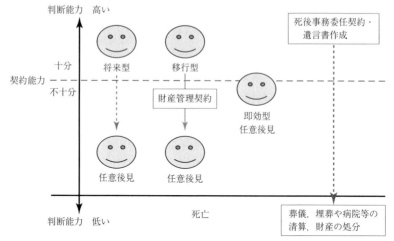

図14-2　任意後見の利用形態

出所：筆者作成。

らなければ効力はない。しかし，心身の状態によっては判断力が低下していない状態であっても財産管理や身上監護などを希望するケースも存在する。そのため，任意後見では，将来の判断力の低下時点で任意後見の契約効力を発生させる「将来型」，判断力が低下していないときから通常の任意代理の委任契約を結び，判断力が低下した段階で任意後見契約に移行する「移行型」，任意後見契約を締結した直後に契約の効力を発生させる「即効型」という3つの形態によって利用されている（図14-2）。

　任意後見制度の利用を希望する人の中には，親族等の身寄りがなく，自身が亡くなった後の財産の処分等を希望することもある。それは任意後見制度では対応することができないため，死後事務委任契約や遺言書の作成などもあわせて行われることもある。

4　専門職後見人

（1）成年後見制度を支える専門職後見人

　成年後見制度の法定後見においては，制度利用者との社会的関係という観点

から分類すると，親族が後見人に選任される親族後見人と，親族以外の第三者が後見人等に選任される第三者後見人の2種類に区分される。「成年後見関係事件の概況　令和3年1月～12月」（最高裁判所事務総局家庭局）によると，親族後見の割合が19.8％，第三者後見の割合が80.2％となっている。さらに，第三者後見の大半を占めているのが専門職後見人であり，特に，弁護士，司法書士，社会福祉士の3職種の選任率が高くなっている。

　この現状を踏まえて，弁護士会，司法書士会，社会福祉士会を総称して，成年後見関連の「三士会」と呼ぶことがある。このように，現在の後見実務を考えるうえで，三士会を中心とする専門職後見人の役割は非常に大きなものであるといえる。しかし，増加傾向にある制度利用者に対して，後見を担う弁護士，司法書士，社会福祉士等の専門職者の数は十分であるとはいえず，家庭裁判所からの後見候補者依頼に対応しきれないといった事態に陥ることもある。

（2）専門職後見人を中心とした第三者後見人の役割

　成年後見制度利用者の多くは，認知症等の疾患を有し，事理弁識能力を欠く，または著しく不十分な状態である。そのような状況下で，家族・親族間で経済的虐待等のトラブルがある場合，弁護士や司法書士，社会福祉士といった専門職が後見人等として選任されるケースが多い。成年後見制度は，「本人の自己決定の尊重と保護の調和を図ること」を目的とするため，被後見人の有する財産や権利を擁護し，その人らしい生活を実現していくために，各種法律や，相談援助の専門的知識によるアプローチが求められる。

　さらに，被後見人の身上監護と財産管理に取り組む中で，専門職間における領域の違いを相互に補完するといった，専門職間の連携もまた，被後見人の支援には必要不可欠になる。

5　一般市民が担う成年後見人

（1）市民後見人

　先述の通り，専門職後見人の数はいまだ十分とはいえない。そのような現状

を打開すべく，一般市民が後見人を担う市民後見人の存在が，近年注目されている。しかし，市民後見人は不足する専門職後見人を補うための対応策ではなく，被後見人の身上監護に力点を置いた現行制度の理念を実現するために必要な存在である。市民後見人は，社会福祉士等の専門職者の関与のもと，一定の講習を修了した一般市民を指す。その定義は，岩間伸之によると，「家庭裁判所から成年後見人等として選任された一般市民のことであり，専門組織による養成と活動支援を受けながら，市民としての特性を活かした後見活動を地域における第三者後見人の立場で展開する権利擁護の担い手」としている。[1]

（2）市民後見人の後見活動

　一般的に市民後見人が受任する事案として，被後見人が多額の資産を持たず，親族間に紛争がない，身上監護を中心としたケースが多い。逆に，市民後見人が扱うに相応しくない事案としては，被後見人に対して，①深刻な虐待や権利侵害がある，②家族・親族間に紛争がある，③多額の財産の処分が必要である，④相続や遺産分割の対応を要する，⑤本人を取り巻く関係者（家族等）の中に専門的な援助を要する人がいる，といった場合が想定される。

　複雑な後見実務を一般市民が遂行するためには，適切な受任事案を選定するなど，行政（基礎自治体）と司法（家庭裁判所）が地域の民間団体（社会福祉協議会・NPO法人等の後見支援組織や専門職後見人団体）等と密接に連携しながら，①養成，②就任支援，③活動支援（＋継続研修）という各ステップについて一貫した支援体制を構築していくことが求められる。

　以下に，実際に市民後見人の選任を受けて，生活に良い変化が見られたある女性の事例を示す。

　事　例　市民後見人を選任して生活が変わった被後見人

　　Aさん（80代女性）は，軽度の認知症を患い，特別養護老人ホームに入所している。市民後見人が選任されたことによって，Aさんは，自身の望む生活や，やりたいことなどの想いを市民後見人との面談を通して，吐露できるようになっていった。市民後見人はAさんの想いを汲み取り，施設職員などと相談をした結果，Aさんは趣味だったカラオケ，買い物，月に一度必ず参拝に行くほど好きだったお寺巡りを

したりと，自身が望む生活を実現できるようになった。

注

(1)　大阪市成年後見支援センター監修／岩間伸之ほか編（2012）『市民後見人の理念と実際——市民と専門職と行政のコラボレーション』中央法規出版，14頁および20頁。

参考文献

池田惠利子ほか編（2011）『市民後見入門——市民後見人養成・支援の手引き』民事法研究会，24頁。

大阪市成年後見支援センター監修／岩間伸之ほか編（2012）『市民後見人の理念と実際——市民と専門職と行政のコラボレーション』中央法規出版，14頁および20頁。

家庭裁判所『成年後見制度——利用をお考えのあなたへ』（https://www.courts.go.jp/vc-files/courts/2021/2110koukenpamph.pdf　2022年6月4日閲覧）。

上山泰（2015）『専門職後見人と身上監護（第3版）』民事法研究会。

最高裁判所事務総局家庭局（2022）「成年後見関係事件の概況　令和3年1月〜12月」（https://www.courts.go.jp/vc-files/courts/2021/20220316koukengaikyou-r3.pdf　2022年6月1日閲覧）。

全国権利擁護支援ネットワーク編（2015）『権利擁護支援と法人後見——養成のために必要な知識を網羅した研修テキスト』ミネルヴァ書房。

山口光治編（2018）『権利擁護と成年後見制度（第3版）』みらい，128頁。

一問一答　　　　　　　　　○か×か，答えてみよう。解答は218頁を参照。

1．成年後見人は，日用品購入や日常生活に関する行為については取り消すことができない。　　　　　　　　　　　　　　　　　　　　　（　　）

2．成年後見人は包括的な代理権を付与されているので，居住用不動産を処分する際，家庭裁判所の許可は不要である。　　　　　　　　　（　　）

3．保佐開始の申立てを行うには，本人の同意が必要である。　　（　　）

4．任意後見契約は契約当事者である双方の合意を重視するため，契約は公正証書によって締結する必要はない。　　　　　　　　　　　　　（　　）

5．任意後見制度では，必ず任意後見監督人が選任される。　　　（　　）

第 15 章

成年後見制度の最近の動向

本章では，前章の成年後見制度の概要を踏まえ，各種統計を用いて成年後見制度を申し立てる理由，利用者数の推移など，成年後見制度が置かれている現状について把握していく。また，成年後見制度の利用促進を目的とした成年後見利用促進法およびその施策を総合的・計画的に推進するための成年後見利用促進計画についても取り上げる。認知症高齢者の増加が見込まれる日本において必要とされる権利擁護の制度をどのように普及させていくか，考えながら読み進めてほしい。

1　成年後見制度の利用動向

（1）成年後見制度の利用者数の推移

最高裁判所事務総局家庭局は，毎年1月から12月までの1年間の全国の家庭裁判所の成年後見関係事件（後見開始，保佐開始，補助開始および任意後見監督人選任事件）の処理状況およびその概況をとりまとめている。図15‐1は，2017（平成29）年から2021（令和3）年までの成年後見制度の利用者数の推移である。このデータによると，成年後見制度の利用者数は増加傾向にある。直近の2021（令和3）年では成年後見制度の総利用者は合計23万9933人で，前年に比べ約3.3％増加している。また，類型別に見てみると成年後見類型が全体の約74％と圧倒的に多く，保佐・補助類型や任意後見も増加傾向ではあるものの利用者数が少ないことがわかる。

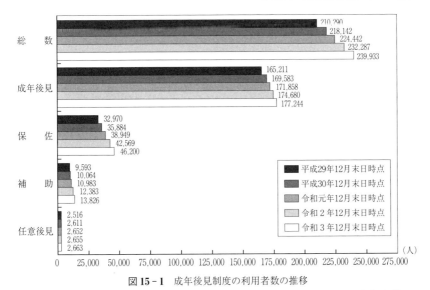

図15−1　成年後見制度の利用者数の推移

注：成年後見制度の利用者とは，後見開始，保佐開始又は補助開始の審判がされ，現に成年後見人等による支援を受けている成年被後見人，被保佐人及び被補助人並びに任意後見監督人選任の審判がされ，現に任意後見契約が効力を生じている本人をいう。

出所：最高裁判所事務総局家庭局（2022）「成年後見関係事件の概況　令和3年1月～12月」（https://www.courts.go.jp/vc-files/courts/2021/20220316koukengaikyou-r3.pdf　2022年6月2日閲覧）13頁。

（2）申立人の動機と制度開始理由

　成年後見制度の申立人と本人の関係としては，先述した最高裁判所の統計によると，2021（令和3）年では市区町村長による申立てが9185件（23.3%）と最も多く，次いで本人の子の8236件（20.9%），本人の8198件（20.8%）となっている。特に市区町村長による申立ては昨年の8823件と比べ約4.1%増加しており，親族等による申立てが期待できない事案（独居等）が増えていると考えられる（図15−2）。

　また，成年後見制度を申し立てるに至った動機については，預貯金の解約，身上保護，介護保険契約といった項目が上位を占めており，財産管理だけでなく，身上監護を目的として申立てが行われていることがわかる。また，成年後見制度の開始原因別の割合を見てみると，圧倒的に「認知症」の割合が高くなっており，認知症高齢者の増加が予測される日本においては，成年後見制度の利用ニーズはよりいっそう高まってくると考えられる（表15−1）。

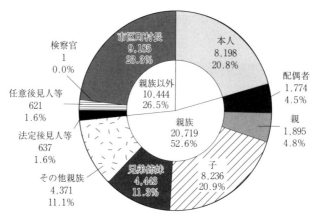

図15-2　申立人と本人との関係

出所：図15-1と同じ。

表15-1　申立ての動機および開始原因別割合

申立ての動機

申立て動機	件　数	割　合(%)
預貯金等の管理・解約	35,744	32.9
身上保護	26,469	24.4
介護保険契約	14,737	13.6
不動産の処分	12,564	11.6
相続手続	9,041	8.3
保険金受取	5,569	5.1
訴訟手続等	2,086	1.9
その他	2,458	2.3

開始原因別割合

開始原因	割　合(%)
認知症	63.7
知的障害	9.6
統合失調症	9.1
高次脳機能障害	4.4
遅延性意識障害	0.8
その他	12.4

出所：最高裁判所事務総局家庭局（2022）「成年後見関係事件の概況　令和3年1月～12月」
　　（https://www.courts.go.jp/vc-files/courts/2021/20220316koukengaikyou-r3.pdf　2022年6月2
　　日閲覧）をもとに筆者作成。

2　成年後見制度利用促進法

（1）成年後見制度利用促進法の目的

　成年後見制度の利用者数は増加傾向にあるものの，制度を必要としている

人々は潜在的にさらに多く存在する。厚生労働省も，「現存の成年後見制度の利用状況をみると，成年後見制度の利用者数は，近年増加傾向にあるものの，その利用者数は認知症高齢者や知的障害者，精神障害者の数と比較して著しく少ない」と捉えている。また，先に見たように，制度利用者の後見類型として，成年後見の割合が圧倒的に多いことから，保佐・補助や任意後見のさらなる周知・利用により早期に権利擁護につなげることも課題といえる。

　そのため，2016（平成28）年に「成年後見制度の利用の促進に関する法律」（以下，利用促進法）が制定された。同法は，成年後見制度の利用の促進について，その基本理念を定め，国の責務等を明らかにし，基本方針そのほかの基本となる事項を定めること等により，成年後見制度の利用の促進に関する施策を総合的かつ計画的に推進することを目的としている（第1条）。

（2）成年後見制度利用促進法の基本理念

　利用促進法では，第3条にて以下の3点を基本理念として明記している。

　第一に，「成年後見制度の利用の促進は，成年被後見人等が，成年被後見人等でない者と等しく，基本的人権を享有する個人としてその尊厳が重んぜられ，その尊厳にふさわしい生活を保障されるべきこと，成年被後見人等の意思決定の支援が適切に行われるとともに，成年被後見人等の自発的意思が尊重されるべきこと及び成年被後見人等の財産の管理のみならず身上の保護が適切に行われるべきこと等の成年後見制度の理念を踏まえて行われるものとする」。

　第二に，「成年後見制度の利用の促進は，成年後見制度の利用に係る需要を適切に把握すること，市民の中から成年後見人等の候補者を育成しその活用を図ることを通じて成年後見人等となる人材を十分に確保すること等により，地域における需要に的確に対応することを旨として行われるものとする」。

　第三に，「成年後見制度の利用の促進は，家庭裁判所，関係行政機関（法務省，厚生労働省，総務省その他の関係行政機関をいう。以下同じ。），地方公共団体，民間の団体等の相互の協力及び適切な役割分担の下に，成年後見制度を利用し又は利用しようとする者の権利利益を適切かつ確実に保護するために必要な体制を整備することを旨として行われるものとする」。

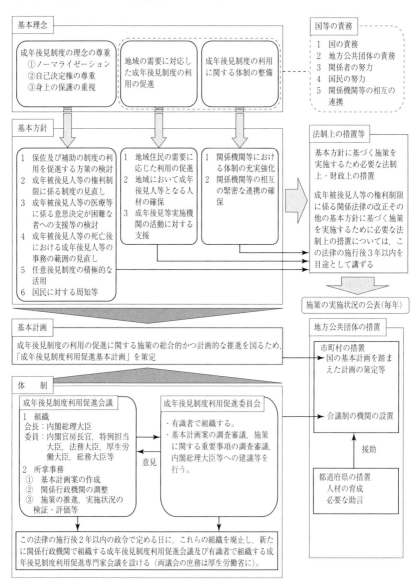

図 15 - 3　成年後見制度の利用の促進に関する法律のイメージ図

出所：厚生労働省（2022）「成年後見制度利用促進専門家会議（web 会議）資料　成年後見制度の利用の
　　　促進に関する法律イメージ図」（https://www.mhlw.go.jp/content/12000000/000938663.pdf　2022年
　　　6月4日閲覧）。

　また，第11条において，成年後見制度の利用促進に当たり，成年後見制度の利用者の権利利益の保護に関する国際的動向を踏まえ，高齢者や障害者等の福祉に関する施策との有機的な連携を図りつつ，規定した「基本方針」に基づき，推進されるものとしている。図15-3は利用促進法のイメージ図である。

3　成年後見制度利用促進基本計画

（1）成年後見制度利用促進基本計画の概要

　利用促進法では，成年後見制度の利用の促進に関する施策の総合的かつ計画的な推進を図るため，成年後見制度の利用の促進に関する基本的な計画（以下，成年後見制度利用促進基本計画）を定めなければならないとしている（第12条）。この成年後見制度利用促進基本計画の実施責務は政府にあり，最も基本的な計画として位置づけられ，対象期間は2017（平成29）年から2021（令和3）年までの概ね5年間を念頭に定められた。また，関係行政機関相互の調整を行うことにより，成年後見制度の利用の促進に関する施策の総合的かつ計画的な推進を図るため，成年後見制度利用促進会議を設けることとされている（同第13条）。

　市町村は，成年後見制度利用促進基本計画を勘案して，当該市町村の区域における成年後見制度の利用の促進に関する施策についての基本的な計画を定めるよう努めるとともに，成年後見等実施機関の設立等に係る支援そのほかの必要な措置を講ずるよう努めるものとされている（同第14条第1項）。あわせて，基本的な事項を調査審議させる等のため，当該市町村の条例で定めるところにより，審議会そのほかの合議制の機関を置くよう努めるものとしている（同第14条第2項）。

　また，都道府県においては，市町村が講ずる前条の措置を推進するため，各市町村の区域を超えた広域的な見地から，成年後見人等となる人材の育成，必要な助言そのほかの援助を行うよう努めることが規定されている（同第15条）。

（2）成年後見制度利用促進基本計画における目標

　成年後見制度利用促進基本計画は，先述の通り，2017（平成29）年から2021

（令和3）年までの計画を終え，2022（令和4）年から2026年における対応を定めた第二期成年後見制度利用促進基本計画が閣議決定されている。第一期における課題と第二期計画における対応を記したものが図15-4であるが，本人にとって適切な後見人の確保，後見活動を継続させるために必要な後見活動への適切な報酬に関する成年後見制度の運用に関するものに加えて，成年後見制度以外の権利擁護支援策といった総合的な視点や権利擁護支援が必要な人を早期に発見し，サポートできるネットワーク整備や市民後見人・法人後見人に代表される担い手の育成などについても記載がされている。

　また，第二期計画では，優先して取り組む事項として次の5つを挙げている。

　1つ目は「任意後見制度の利用促進」である。任意後見制度の周知・助言を中心とした関係者の連携と役割分担の下，適切な時機に任意後見監督人の選任がされることなど任意後見制度が適切かつ安心して利用されるための取り組みを進める必要がある。

　2つ目は「担い手確保・育成等の推進」である。適切な後見人等が選任・交代できるよう，各地域において市民後見人や法人後見人など，多様な主体が後見業務等の担い手となれるように都道府県・市町村による人材育成のための研修内容の充実や受講者募集などが挙げられる。

　3つ目は「市長村長申立ての適切な実施」である。身寄りのない人等への支援や虐待事案等で市町村長申立ての積極的な活用が必要であるとして，市町村長申立てが適切に実施されるための実務の改善が必要であり，都道府県には実務を含めた研修の実施等を行うことが期待されている。

　4つ目は「地方公共団体における行政計画等の策定」である。利用促進法第1条第1項に基づき，計画未策定の市町村は，中核機関および協議会の整備・運営の方針を示すことなどに早期に着手する必要があるとしている。また，都道府県については，都道府県単位や圏域単位の協議会の整備・運営の方針，担い手の確保の方針，市町村に対する体制整備支援の方針などを盛り込んだ地域連携ネットワークづくりの方針を策定することが望ましいとしている。

　5つ目は，「都道府県の機能強化による地域連携ネットワークづくりの推進」である。都道府県について，担い手の育成・活躍支援，広域的観点から段階

現行計画における課題 （平成29年度〜令和３年度）	第二期計画における対応 （令和４年度〜８年度）
○成年後見制度とその運用について ・後見人等が選任されると，判断能力が回復しない限り，預貯金の解約等の課題解決後も成年後見制度の利用が継続して，本人のニーズ変化に対応できないこと（制度があまり利用されない） ・後見人等が本人の意思を尊重しない場合があること 　※親族 20% 　　親族以外80%（うち弁護士26%，司法書士38%）	○成年後見制度の見直しに向けた検討と権利擁護支援策の総合的な充実 ・成年後見制度（民法）の見直しに向けた検討を実施 ・成年後見制度以外の権利擁護支援策の検討を実施（民間事業者・寄付による権利擁護支援への取組等を促すため方策の検討。検討を踏まえ福祉制度・事業の見直しを検討） ○成年後見制度の運用の改善 ・家庭裁判所と地域の関係者の連携により，本人にとって適切な後見人の選任や状況に応じた後見人の交代を実現。都道府県による意思決定支援研修の実施。
○後見人の報酬について ・後見人等の専門性や事務の内容に見合った報酬額の決定が必ずしもされないこと ・市町村により報酬助成事業の実施状況が異なること	○後見人への適切な報酬の付与 ・最高裁・家庭裁判所で適切な後見人報酬の算定に向けた検討を実施。併せて報酬助成事業の見直しを含めた対応を検討 ・成年後見制度の見直しの検討の際，報酬のあり方も検討。併せて関係省庁で報酬助成等の制度のあり方も検討
○地域連携ネットワークづくりについて ・小規模市町村を中心に，本人の権利擁護支援を適切に行う地域連携ネットワーク（行政・福祉・法律専門職・家庭裁判所の連携のしくみ）の整備が進んでいないこと ・高齢者の増加に伴う制度の利用ニーズ増に対応するための担い手確保	○地域連携ネットワークづくりの推進 ・都道府県の機能強化（都道府県レベルの法律専門職・家庭裁判所を含めた会議体の設置等）により地域連携ネットワークを全市町村で早期に整備（整備率はR2.10月：15%，R３年度末見込み：44%） ・地域連携ネットワークの計画的整備のため，全市町村で基本計画を早期に策定（策定率はR2.10月：16%，R３年度末59%） ・市民後見人や法人後見の担い手の育成（都道府県が育成方針策定）※担い手の支援は地域連携ネットワークで実施

図 15 - 4　現行計画の課題と第二期計画における対応について

出所：厚生労働省「第二期成年後見制度利用促進基本計画の策定について（計画の概要）」（https://www.mhlw.go.jp/content/000917337.pdf　2022年６月４日閲覧）４頁。

的・計画的にネットワークづくりに取り組むための方針の策定，小規模市町村等の体制整備支援の役割を果たすことが期待されている。加えて，広域的な課題などに対応するため，権利擁護に関する関係機関との都道府県単位の協議会を設置することが記され，国は，都道府県職員向け研修の拡充，権利擁護支援や体制整備支援等を担う専門アドバイザーの養成などを行うこととしている。

注

(1) 厚生労働省（2021）「成年後見制度利用促進に関する現状（概要）」（https://www.mhlw.go.jp/content/12000000/000760233.pdf　2022年6月4日閲覧）。

参考文献

厚生労働省（2022）「第二期成年後見制度利用促進基本計画——尊厳のある本人らしい生活の継続と地域社会への参加を図る権利擁護支援の推進（令和4年3月25日閣議決定）」（https://www.mhlw.go.jp/content/000917303.pdf　2022年6月4日閲覧）。

最高裁判所事務総局家庭局（2022）「成年後見関係事件の概況　令和3年1月～12月」（https://www.courts.go.jp/vc-files/courts/2021/20220316koukengaikyou-r3.pdf　2022年6月4日閲覧）。

一問一答　　　　　　　　　　　○か×か，答えてみよう。解答は219頁を参照。

1．2022（令和4）年12月末時点において，成年後見制度の総利用者は約24万人となっている。　　　　　　　　　　　　　　　　　　　　　（　　）

2．類型別に法定後見制度の利用者の割合を見てみると，成年後見・保佐・補助の利用者数はほぼ均等になっている。　　　　　　　　　　　　　　（　　）

3．成年後見制度の開始原因として，認知症の割合が高くなっている。　（　　）

4．成年後見制度利用促進法の基本理念の中に市民後見人に関する規定はなく，法人後見の育成が規定されている。　　　　　　　　　　　　　　（　　）

5．第二期成年後見制度利用促進基本計画で優先的に取り組む事項として「任意後見制度の利用促進」がある。　　　　　　　　　　　　　　　　（　　）

第16章

成年後見制度利用支援事業と成年後見制度の課題

　本章では，まず成年後見制度の申立ての流れについて整理する。成年後見制度に関する知識不足や申立てをする際に必要となる費用および成年後見人等が選任された後に必要となる報酬の支払いなどが理由となって制度を利用できずにいる人が存在する可能性がある。これらの課題に対応するために成年後見制度利用支援事業があり，高齢者・障害者分野それぞれで事業が展開されている。本章を読み進めるに当たり，現行の制度や事業だけでなく，どのような情報やサービスがあれば，成年後見制度の利用者が増えるか，自分なりの考えを深めてもらいたい。

1　法定後見制度の申立ての流れ

（1）法定後見開始の審判請求者

　法定後見（成年後見・保佐・補助）の開始等の申立ては，原則として本人の住所地を管轄する家庭裁判所にて行う。そのため，申立人の住所地が本人の住所地から大きく離れていても，本人の住所地を管轄する裁判所に書類を提出する必要がある。請求権者は，本人・配偶者・４親等以内の親族・成年後見人・保佐人・補助人・任意後見人，成年後見監督人等・市町村長・検察官などである。市町村長による申立て（以下，市町村長申立て）は，４親等以内に親族がいない，もしくは親族がいたとしても親族申立てを期待できない等，申立てをすることが期待できない状況を想定し，申立てをする権限が付与されている。申立てに関する全体的な流れは図16-1の通りである。

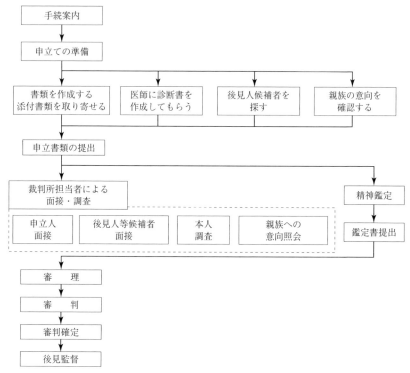

図 16 - 1　法定後見制度における手続の流れ

出所：裁判所「制度の概要手続きの流れ（成年後見・保佐・補助）」（https://www.courts.go.jp/chiba/
saiban/tetuzuki/l4/Vcms4_00000444.html　2022年6月4日閲覧）より一部筆者改変。

（2）必要な書類や費用

　申立て時に必要な書類には，本人の氏名，生年月日，本籍地や申立ての趣旨
等を記した申立書，本人の住民票・戸籍謄本，医師の診断書，本人の財産に関
する資料，登記されていないことの証明書などがある。この登記されていない
ことの証明書とは，申立て時点で成年被後見人等として登記（登録）されてい
ないことを証明するもので，全国の法務局・地方法務局の窓口で申請すること
ができる。また，本人の身体・生活・認知機能面に関する実情を把握するため
に，実際に本人と関わりのある福祉関係者等が記載する「本人情報シート」の
記載が始まっている。

　そして，費用面としては，収入印紙（申立手数料および後見登記手数料），郵便切手（送達・送付費用），住民票・戸籍謄本費用，医師の診断書作成費用などがある。また，後見・保佐類型の申立ての場合には，原則として医師による鑑定が行われるので，鑑定が行われることが決まった場合は納付する必要がある[(1)]。このように法定後見制度の申立てを行うに当たっては揃えなければならない書類や多くの費用を必要とする。申立てに関する費用は，原則として申立人が負担することになっている。

2　成年後見制度利用支援事業の概要

（1）成年後見制度利用支援事業の経緯

　成年後見制度の申立てが確定後の成年後見人等への報酬については，被後見人の財産の中から支払われることになっている。そのため，成年後見制度の利用を必要としていたとしても，本人や申立人が低所得等によって申立てや報酬等の費用負担ができず，利用につながらない事案も想定される。そのようにして制度から漏れてしまう人が生じることを防ぐために開始されたのが成年後見制度利用支援事業（以下，利用支援事業）である。利用支援事業の創設は成年後見制度が開始されて間もない2001（平成13）年であり，介護保険制度における「介護予防・地域支援支え合い事業」の中に組み込まれて事業が開始されたが，そのときの対象者は「身寄りのない重度の認知症高齢者」であり，かつ市町村長申立ての場合に限定されていた。つまり，親族等による申立てが困難なケースは補助の対象外となっていた。その後，2006（平成18）年の介護保険制度改正により，地域支援事業（位置づけは任意事業）に位置づけられ，市町村長申立て以外のケースも利用対象となり得るものとされた。

　障害者分野においては，2003（平成15）年の障害者支援費制度の導入を契機として，知的障害者が利用対象となり，2006（平成18）年の障害者自立支援法の施行時には，精神障害者にも対象者を拡大している。加えて，2008（平成20）年の地域生活支援事業実施要項の一部改正により，障害者分野においても，市町村長申立て以外のケースも利用対象となり得るものとされた。

成年後見制度利用支援事業（高齢者関係）

```
1．事業内容
○市町村が次のような取組を行う場合に，国として
 交付金を交付する。（平成13年度から実施）
 (1)成年後見制度利用促進のための広報・普及活動の実施
 ①地域包括支援センター，居宅介護支援事業者等
  を通じた，成年後見制度のわかりやすいパンフ
  レットの作成・配布
 ②高齢者やその家族に対する説明会・相談会の開催
 ③後見事務等を廉価で実施する団体等の紹介等
 (2)成年後見制度の利用に係る経費に対する助成
 ①対象者：成年後見制度の利用が必要な低所得の高齢者
   （例）介護保険サービスを利用しようと
    する身寄りのない重度の認知症高齢者
 ②助成対象経費
  ・成年後見制度の申立てに要する経費
   （申立手数料，登記手数料，鑑定費用など）
  ・後見人・保佐人等の報酬の一部等
```

```
2．予算額：地域支援事業交付金1,941億円の内数
 （令和元年度予算）
```

```
3．事業実施状況：1,429市町村（全市町村の82.1%）
 （平成29年4月1日現在）
```

成年後見制度利用支援事業（障害者関係）

```
1．目　的
  障害福祉サービスの利用の観点から成年後見制度を利
 用することが有用であると認められる知的障害者又は精
 神障害者に対し，成年後見制度の利用を支援することに
 より，これらの障害者の権利擁護を図ることを目的とする。
2．事業内容
 成年後見制度の利用に要する費用のうち，成年後見制度
 の申し立てに要する経費（登記手数料，鑑定費用等）及
 び後見人等の報酬等の全部又は一部を補助する。
 ※平成24年度から市町村地域生活支援事業の必須事業化
3．事業創設年度
 平成18年度
4．令和元年度予算額（障害者関係）
 地域生活支援事業費等補助金495億円の内数
 （平成30年度：493億円，平成29年度：488億円）
 ※【市町村事業 補助率】
  国1／2以内，都道府県1／4以内で補助
5．事業実施状況（障害者関係）
 平成30年4月1日現在1,416市町村
 （平成29年：1,485市町村，平成28年：1,470市町村）
```

図16-2　成年後見制度利用支援事業の各助成内容

出所：厚生労働省「成年後見制度の現状」(https://www.mhlw.go.jp/content/12000000/000511780.pdf 2022年6月4日閲覧)。

（2）成年後見制度利用支援事業の内容と今後の展開

　高齢者分野と障害者分野において成年後見制度利用支援事業の事業内容や補助率が異なっている（図16-2）。まず，高齢者分野では，市町村が行う以下のような取り組みに対して，国として交付金を交付することとしている。

```
①　成年後見制度の利用促進のための広報・普及活動
・成年後見制度のわかりやすいパンフレットの作成，配布
・高齢者やその家族に対する説明，相談会の開催
・後見事務等を廉価で実施する団体の紹介等
②　成年後見制度の利用に係る経費に対する助成
・市町村が老人福祉法第32条の規定に基づき，後見・保佐・補助開始の審判（民法
 第7条，第11条，第15条第1項）等に規定する審判の請求を行うことが必要と認
 める事案等において，後見人の報酬等必要となる経費の一部について，助成を受
 けなければ成年後見制度の利用が困難と認められる低所得者を対象
```

> ● 助成対象経費は成年後見制度の申立てに要する登記手数料，鑑定費用等の経費お
> よび後見人等の報酬の一部等

　一方の障害者分野においても成年後見制度の利用費用の補助を行っているが，2012（平成24）年から市町村地域生活支援事業の必須事業となっている。また，成年後見制度の普及活動については，地域生活支援促進事業の任意事業である「成年後見制度普及啓発事業」にて行われている。

（3）その他の公的補助制度

　成年後見制度利用支援事業以外で成年後見の申立てに利用できる制度として，日本司法支援センター（通称法テラス）の民事法律扶助が挙げられる。民事法律扶助の業務内容には，代理援助，書類作成援助，法律相談援助等があり，弁護士や司法書士といった専門家に成年後見等の申立書の作成を依頼する際に利用することができる。ただし，支援を受けた費用については分割して日本司法支援センターに返済することが原則であり，成年後見人等の報酬については扶助の対象ではないことに注意が必要である。

　また，民事法律扶助を受けるに当たって，援助を受けようとする者（申立人）の，資力基準（収入，資産等）や法律扶助の趣旨に適合していることなどの要件を満たす必要がある。

3　成年後見制度を取り巻く課題

（1）成年後見人の不正防止

　最後に，成年後見制度における課題について取り上げる。まずは，成年後見人等による不正問題である。最高裁判所の統計によると，親族後見人による不正事案が圧倒的に多いが，専門職後見人による不正も一定数存在することがわかる（図16-3）。権利を守るはずの後見人が権利侵害を起こしてしまうことは，避けなければならず，専門職職能団体における倫理観醸成や継続的な研修が求められる。

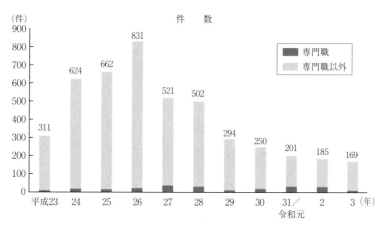

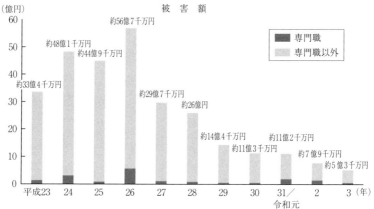

(参考) 専門職の内数

	平成23年	平成24年	平成25年	平成26年	平成27年	平成28年
件　数	6件	18件	14件	22件	37件	30件
被害額	約1億3千万円	約3億1千万円	約9千万円	約5億6千万円	約1億1千万円	約9千万円

	平成29年	平成30年	平成31年/令和元年	令和2年	令和3年
件　数	11件	18件	32件	30件	9件
被害額	約5千万円	約5千万円	約2億円	約1億5千万円	約7千万円

図16−3　成年後見人の不正事案

出所：最高裁判所事務総局家庭局実情調査「後見人等による不正事例（平成23年から令和3年まで）」
（https://www.courts.go.jp/vc-files/courts/2021/r03koukenhuseijirei.pdf　2022年6月4日閲覧）。

コラム　専門職後見人として——初回訪問の不安と向き合う

筆者は社会福祉士であり，専門職後見人として，合計7件の担当をしてきた。筆者が所属する大阪社会福祉士会では，利益相反の観点から後見等開始の審判の申立て書類に後見人等の候補者にならないようにしている。つまり，申立て時に相談支援で関わった方の後見人等にはならず，自分とはまったく接点がなく申立てがなされた事案の後見人等になる方式を採っている。そのため，被後見人等とはじめて出会うのは，後見人等になることが確定してからになる。

初回訪問時は，本人がどのような人物なのか，自分に本人の意思を汲み取ることはできるのだろうかと心配になることも多い。後見等開始の申立てには，申立てに至る経緯が記載されており，中には親族間のトラブル，本人の生活上の課題など複雑な事情等が記載されていることがあるが，周囲からの情報だけではなく，自分の目で本人を見て，アセスメントをすることを社会福祉士として大切にしている。

本人に対しては，自分の立場をわかってもらうための説明に誠心誠意努めるようにしている。特に後見類型の場合は本人への十分な説明がなされないまま申立てがなされていたり，説明をしていたとしても，本人が内容を忘れてしまったりしていることがある。また，家庭裁判所に提出する初回訪問の収支報告や財産管理の手続のために，本人の通帳を預かる必要があるが，自分の財産が入っている通帳を何の関係性もできていない第三者に預かられる心理を考えれば，本人が混乱するのも当然である。読者のみなさんであれば，どのように説明するだろうか。

また，本人の親族や各関係機関との関わりも重要である。本人以外の者が本人を施設へ入所させたいと考え，成年後見人等の申立てを行ったような事案であっても，社会福祉士はまず本人の意向を聞き取り，可能な限り本人の自己決定を尊重していくため，時に本人と周囲との間で板挟みになってしまうことがある。このような場合，社会福祉士の専門性であるニーズの把握や社会資源の知識等を駆使して，本人の意向を実現できる可能性を模索できるよう根気よく対話を続けていく必要があり，必要に応じて職能団体のサポートを受けながら事案に向き合っていく。専門職後見人活動を続けるには，知識・技術・価値（倫理観）を常に磨くことが求められ，社会福祉士としての成長につながっている。

　また，家庭裁判所が新規に親族後見人を選任する事案に際し，2012（平成24）年から後見制度支援信託が開始された。これは，本人の財産のうち，日常的な支払いをするのに必要十分な金銭を預貯金等として後見人が管理し，通常使用しない金銭を信託銀行等に信託する仕組みである。

（2）成年後見人等の役割の限界

　成年後見人等の身上監護において，医療機関との関わりは多く見られ，実務上において医療機関から医療行為における同意を求められることがある。特に生命，身体に危険を及ぼす可能性のある検査や治療などを行う医的侵襲行為については，本人の一身専属的権利であり，その代理権・同意権は成年後見人に権限はないとされている。上山泰のように，予防接種やレントゲン検査といった危険性が少ない医療行為については，医療同意権を認めてもよいのではないかという見解もあり，医療行為に関する同意をめぐっては継続的な議論が続いている。

　また，施設への入所，医療機関への入院時に成年後見人等に対して身元保証人（身元引受人）として同意が求められることがある。施設や医療機関によって保証する内容は異なるが，利用料や入院費といった本人が負担する債務への連帯保証，入所・入院中に第三者に損害を与えた場合の損害賠償債務への連帯保証などが含まれていることがある。古井慶治は，仮に後見人等が支払いに応じた場合，最終的には本人に対して求償権を有することになり，利益相反の関係になることから，安易に身元保証には応じるべきではないとしている。成年後見人の役割と限界について，多くの機関が理解するように周知していく必要がある。

（3）代行決定から意思決定支援へ

　日本は2014（平成26）年1月20日，障害者の権利に関する条約（障害者権利条約）を批准した。この条約では第12条にて「法律の前にひとしく認められる権利」として，以下のように規定されている。

第12条　法律の前にひとしく認められる権利

1　締約国は，障害者が全ての場所において法律の前に人として認められる権利を有することを再確認する。

2　締約国は，障害者が生活のあらゆる側面において他の者との平等を基礎として法的能力を享有することを認める。

3　締約国は，障害者がその法的能力の行使に当たって必要とする支援を利用する機会を提供するための適当な措置をとる。

4　締約国は，法的能力の行使に関連する全ての措置において，濫用を防止するための適当かつ効果的な保障を国際人権法に従って定めることを確保する。当該保障は，法的能力の行使に関連する措置が，障害者の権利，意思及び選好を尊重すること，利益相反を生じさせず，及び不当な影響を及ぼさないこと，障害者の状況に応じ，かつ，適合すること，可能な限り短い期間に適用されること並びに権限のある，独立の，かつ，公平な当局又は司法機関による定期的な審査の対象となることを確保するものとする。当該保障は，当該措置が障害者の権利及び利益に及ぼす影響の程度に応じたものとする。

5　締約国は，この条の規定に従うことを条件として，障害者が財産を所有し，又は相続し，自己の会計を管理し，及び銀行貸付け，抵当その他の形態の金融上の信用を利用する均等な機会を有することについての平等の権利を確保するための全ての適当かつ効果的な措置をとるものとし，障害者がその財産を恣意的に奪われないことを確保する。

この条文は，障害者を法的能力によって差別することを禁止している。日本の成年後見制度では，成年後見類型であれば，行為能力制限と包括的な代理権が付与されているし，保佐・補助においても民法第13条所定の行為につき画一的に行為能力制限がなされている現状がある。

同条約の批准を受け，本人の意思を確認せずに物事を決められてしまう代行的決定制度から支援付き意思決定制度への法改正を含めた根本的な制度改革が求められている。

注

(1)　2021（令和 3 ）年の成年後見関係事件の終局事件のうち，鑑定を実施したものは，全体の約5.5%となっている。鑑定の費用については， 5 万円以下のものが全体の約50.3%であり，全体の約92.5%の事件において鑑定費用が10万円以下となっている。

(2)　上山泰（2015）『専門職後見人と身上監護（第3版）』民事法研究会，134〜135頁。

(3)　公益社団法人日本社会福祉士会編（2019）『権利擁護と成年後見実践——社会福祉士のための成年後見入門（第3版）』民事法研究会，254〜256頁。

(4)　外務省（2014）「障害者の権利に関する条約」（https://www.mofa.go.jp/mofaj/fp/hr_ha/page22_000899.html　2022年6月4日閲覧）。

参考文献

公益社団法人日本社会福祉士会編（2019）『権利擁護と成年後見実践——社会福祉士のための成年後見入門（第3版）』民事法研究会。

最高裁判所事務総局家庭局（2022）「成年後見関係事件の概況　令和3年1月〜12月」（https://www.courts.go.jp/vc-files/courts/2021/20220316koukengaikyou-r3.pdf　2022年6月4日閲覧）。

全国権利擁護支援ネットワーク編（2015）『権利擁護支援と法人後見——養成のために必要な知識を網羅した研修テキスト』ミネルヴァ書房。

一問一答　　　　　　　　　○か×か，答えてみよう。解答は219頁を参照。

1．法定後見の開始等の申立ては，原則として申立人の住所地を管轄する家庭裁判所にて行う。　　　　　　　　　　　　　　　　　　　　　　　（　　）

2．成年後見制度利用支援事業（高齢者分野）の事業内容には，「成年後見制度の利用促進のための広報・普及活動」がある。　　　　　　　　　　　（　　）

3．成年後見制度利用支援事業の対象となるのは，市町村長申立てケースに限られる。　　　　　　　　　　　　　　　　　　　　　　　　　　　（　　）

4．2012（平成24）年から後見制度支援信託が開始されており，これは被後見人等の全財産を信託銀行に信託する仕組みである。　　　　　　　　　（　　）

5．日本は2014（平成26）年1月20日，障害者権利条約を批准し，これにより代行的決定制度から支援付き意思決定制度への法改正を含めた根本的な制度改革が求められている。　　　　　　　　　　　　　　　　　　　　　　　（　　）

第17章

日常生活自立支援事業

　本章では，日常生活自立支援事業の概要（仕組み，関連の法律，職種等）を理解し，権利擁護，財産管理における自己選択，自己決定の重要性と，関連する専門員，生活支援員の資格要件，役割や違いを理解したうえで，具体的な支援方法と連携の方法を学ぶ。また，現状の動向と基幹的社会福祉協議会の仕組み，成年後見制度との関連性も含めた両制度の支援の流れについて学ぶ。

1　日常生活自立支援事業の仕組み

（1）事業創設の背景と仕組み

　多様に変化する社会において判断能力の不十分な人に身の回りのことや金銭管理，家庭や施設での虐待，財産管理等の権利侵害の課題などが多く見られ，さらに福祉サービスを適切に活用できない人が増えている。このような状況下で社会福祉基礎構造改革では，「自己決定の尊重」「自らの選択，契約」など重要な視点を掲げた。1990年代よりこの構造改革を契機に社会福祉の仕組みの中に自己選択・自己決定の理念が生かされ，福祉サービスの利用は「措置から契約」に転換された。利用者が自らサービス提供者と契約することで，各種サービスを適切に受給できる仕組みとなり，権利擁護の側面から制度の導入・強化を推進した。

　日常生活自立支援事業は，本人の立場に立ち適切な福祉サービスの利用を援助するとともに，必要に応じて日常生活上の金銭管理等の直接的なサービスを併せて提供する支援システムとして，成立した。契約制度下において，認知症

高齢者，知的障害者，精神障害者など判断能力が十分ではない人々に対して，1999（平成11）年から適切な福祉サービスを利用するための支援を目的としては，サービス利用や日常的金銭管理などの援助を行うことにより地域での自立した生活を支援する「地域福祉権利擁護事業」（国庫補助）がまず開始された。しかし，この事業の認知度は低く，地域住民にわかりやすい制度にするため，利用促進の観点から，2007（平成19）年「日常生活自立支援事業」に名称を変更した。さらに，本事業は判断能力の低下による不安があっても住み慣れた地域で健康的，文化的な自分らしい暮らしを安心して続けることができるよう本人の意思を尊重し利用者本位のサービス利用を支援する有用な仕組みとなった。この仕組みにより「与えられる福祉」から自身の意思による「権利としての福祉」への新たな確立を目指した。

（2）制度としての枠組み

　この制度は「本人の判断能力が低下している」かつ「本人が日常生活自立支援事業の契約内容について同意できる」ということが要件である。また実施主体は，各都道府県・指定都市の社会福祉協議会（社協）であり，一部を市区町村社会福祉協議会などに委託できる。委託を受ける市区町村社会福祉協議会は必要に応じて近隣の市区町村エリアをも事業の対象地域として広域対応の体制をとることが可能である。事業を受託，実施する市区町村社会福祉協議会は「基幹的社会福祉協議会」といい，職員配置は，常勤職員である専門員と非常勤職員の生活支援員で構成されている。認知症，知的障害，精神障害などにより契約内容自体が理解できない場合は利用不可となる。その場合，成年後見制度の利用に移行されることが望ましい。

　法律上では，社会福祉法に定められた福祉サービス利用援助事業は利用者の利益の保護を図る仕組みの整備の一環であり，「第二種社会福祉事業」として規定されている。また，福祉サービス利用援助事業は，「精神上の理由により日常生活を営むのに支障がある者に対して，無料又は低額な料金で，福祉サービス（中略）の利用に関し相談に応じ，及び助言を行い，並びに福祉サービスの提供を受けるために必要な手続又は福祉サービスの利用に要する費用の支払

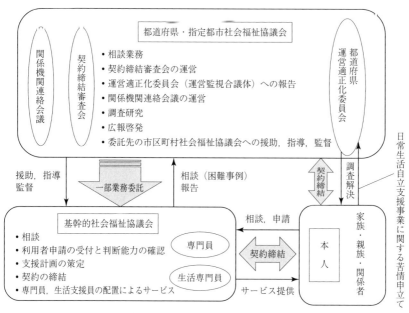

図 17 - 1　日常生活自立支援事業の基本的な仕組みと位置づけ

出所：全国社会福祉協議会（2008）「日常生活自立支援事業推進マニュアル」7頁。

に関する便宜を供与することその他の福祉サービスの適切な利用のための一連の援助を一体的に行う事業をいう」（同第2条第3項第12号）としている。関連して同法第81条で「都道府県社会福祉協議会は，第110条第1項各号に掲げる事業を行うほか，福祉サービス利用援助事業を行う市町村社会福祉協議会その他の者と協力して都道府県の区域内においてあまねく福祉サービス利用援助事業が実施されるために必要な事業を行うとともに，これと併せて，当該事業に従事する者の資質の向上のための事業並びに福祉サービス利用援助事業に関する普及及び啓発を行うものとする」とし，これは全国社会福祉協議会が主体となって行う。

（3）日常生活自立支援事業の概要

① 目的

認知症高齢者，知的障害者，精神障害者等判断能力が不十分な者に対し，福

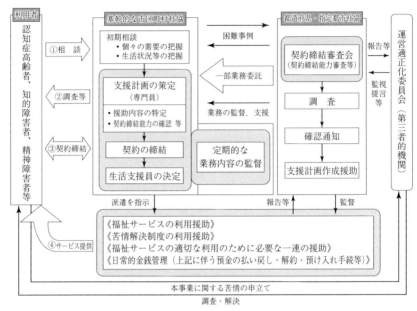

図17-2　日常生活自立支援事業の流れ

出所：厚生労働省社会・援護局福祉課（2006）「福祉サービス利用援助事業について」12頁。

祉サービスの利用援助等を行うことにより，地域において自立した生活が送れるよう支援すること。

②　対象者

本事業の対象者は，判断能力が不十分な者（認知症高齢者，知的障害者，精神障害者等であって，日常生活を営むのに必要なサービスを利用するための情報の入手，理解，判断，意思表示を本人のみでは適切に行うことが困難な者），本事業の契約の内容について判断し得る能力を有していると認められる者のいずれにも該当する者とする。

③　援助内容

福祉サービスの利用援助，苦情解決制度の利用援助，住宅改造（ただし，軽微な費用のもの），居住家屋の賃借，日常生活上の消費契約および住民票の届出等の行政手続に関する援助等。

④　実施主体

本事業の実施主体は，都道府県社会福祉協議会および指定都市社会福祉協議会である。ただし，窓口業務は利用者の利便性を考慮し，都道府県社会福祉協議会または指定都市社会福祉協議会から委託を受けた市区町村社会福祉協議会等（基幹的社協1539か所）（令和３年版厚生労働白書）が実施する。

⑤　事業の担い手

専門員（原則常勤）と生活支援員（非常勤）により実施される。専門員は，相談の受付，申請者の実態把握や本事業の対象者であることの確認業務，支援計画作成，契約締結業務，生活支援員の指導等を行い，生活支援員は，専門員の指示を受け具体的な援助を提供する。

（4）日常生活自立支援事業の流れ

本事業の流れは，相談の受付→打ち合わせ・訪問調査→契約書・支援計画の作成→契約→サービスの開始→計画の見直し→サービス終了となる（図17‒2）。各段階の内容は主に次の通りである。

---

①　相談受付

　本人以外の家族，福祉サービス事業者，民生委員なども可能。

②　訪問調査

　専門員が自宅，病院，施設を訪問し契約意思・能力を確認する。なお，確認時は，「契約締結判定ガイドライン」により行い，契約能力の確認が難しい場合は，「契約締結審査会」で審査する。

③　支援計画の作成

　利用者の希望に沿って話し合い，支援計画を立てる。

④　契　約

　利用契約の締結をする（本人と社会福祉協議会とで行う）。

⑤　支援開始

　サービス開始（利用料の発生）。支援計画に沿って生活支援員がサービス提供を実施する。

具体的援助内容は，次の通りである。

---

① 福祉サービスの利用援助
- 福祉サービスの利用（契約申請含む）や利用停止のために必要な手続
- 福祉サービスについての苦情解決制度を利用する手続
- 住宅改造，居住家屋の賃借，日常生活上の消費契約および住民票の届出等の行政手続，その他福祉サービスの適切な利用のために必要な一連の援助
- 福祉サービス利用料の支払い（平均利用回数 2 回／月，利用料1200円／回）

② 日常的金銭管理サービス
- 年金および福祉手当の受領に必要な手続
- 医療費を支払う手続や税金や社会保険料，公共料金を支払う手続
- 日用品等の代金を支払う手続
- 上記の各支払いに伴う預金の払い戻し，解約，預け入れの手続

③ 書類等の預かりサービス（保管できる書類等）
- 年金手帳・証書，預貯金通帳，権利証，契約書類，保険証書，実印・銀行印，登記識別情報通知書，そのほか実施主体が適当と認めた書類（カードも含む）

（5）日常生活自立支援事業が果たしている役割

本人の意思決定を支援すること，複合的な生活課題を解決し権利擁護を図ること，権利擁護支援への入り口としての役割，地域のネットワークをつくる役割等を担うことで，成年後見制度利用促進との一体的な展開により地域における総合的な権利擁護体制の構築が期待される。

（6）日常生活自立支援事業の動向

1999（平成11）年から実施された本事業の当初の相談件数は，1 万3007件，新規利用契約件数327件（1999年10月〜2000年 3 月）であった。年々相談件数，新規契約締結，実利用件数は増加傾向にあった。

2019（令和元）年と2018（平成30）年の認知症高齢者，知的障害者，精神障害者等の問い合わせ・相談件数，新規契約締結件数，実利用者件数についての比較調査（増減比を含む）を表17 - 1 に整理した。認知症高齢者等では，問い合わせ・相談件数75万2994件（35.4％，減2.0％），新規契約締結件数6263件（54.8％，減0.4％），実利用者件数 2 万2892件（41.1％，減1.1％）とすべて減少傾向であった。知的障害では，新規契約締結件数は1738件（15.2％，減5.4％）と

表 17 - 1　令和元年度の日常生活自立支援事業の状況（平成30年との増減比％）

対象者	問合せ・相談件数	増減比	新規契約締結数	増減比	実利用者件数	増減比
認知症高齢者	752,994(35.4)	2.0▽	6,263(54.8)	0.4▽	22,892(41.1)	1.1▽
知的障害者	519,065(24.4)	4.8	1,738(15.2)	5.4▽	13,579(24.4)	3.3
精神障害者	708,289(33.3)	4.9	2,839(24.9)	0.8	16,193(29.1)	4.1

出所：ふれあいネットワーク（社会福祉法人全国社会福祉協議会地域福祉部）（2021）「日常生活自立支援
　　事業月次状況調査」10頁より一部筆者改変。

減少した。ほかの項目については増加傾向であった。精神障害者では，すべて
の項目で増加傾向であった。

　2019（令和元）年度の年間総合件数は，問い合わせ・相談数が212万8325件，
新規契約締結数は 1 万1419件，実利用者数は 5 万5717件であった。対象者の内
訳では，精神障害者の割合が増加傾向であり， 1 年間の新規契約締結件数は，
2016（平成28）年度以降減少傾向で，終了件数の増加と相まって実利用者数の
伸びは鈍化している。

2　専門員の役割と生活支援員の役割

（1）専門員の役割

　専門員は，市区町村社協の職員が担う。業務は，相談の受付，申請者の実態
把握や該当の対象かどうかの確認業務，支援計画作成，契約締結業務，生活支
援員の指導や指示，随時の相談業務等である。専門員の人員数は，2020（令和
2 ）年 3 月末現在で3544人である。具体的役割は次の通りである。

> ①　制度理解のための契約者・家族への定期的訪問と連絡による関係づくり
> ②　契約の調整（債務処理のための法律相談・手続）
> ③　契約締結審査会に書類作成・提出，審査会の出席と結果を受けた契約手続
> ④　支援計画の作成，支援時の全記録
> ⑤　生活支援員の手配と確認（通帳・印鑑，残高と領収証確認，利用者の情報報告）
> ⑥　ケース会議の開催
> ⑦　通帳管理（貸金庫から生活費を管理通帳へ移行し金庫に保管）

⑧　判断能力低下の進行による成年後見制度への移行手続

　資格要件は，専門的知識があり高齢者・障害者などへの支援経験のある社会福祉士としている。さらに原則専任の常勤職員で一定の研修を受けた者としている。設置基準では，１か所の基幹的社会福祉協議会等につき契約締結件数が35件ごとに専門員１名の増員が認められる。財源については，都道府県・指定都市の補助額に対し国は事業費の２分の１を補助する仕組みである。相談の複雑化・多様化，関係機関や専門職との連携や協働による対応が求められるなど，専門員はさらなる専門性・対応力の修得が求められる。

（2）生活支援員の役割

　生活支援員は，特定の研修を受けたうえで当該都道府県・指定都市社会福祉協議会から認定を受けた地域住民である。業務は，専門員の指示を受け具体的な援助を直接提供する。生活支援員の人員数は，2020（令和２）年３月末現在で１万6333人である。具体的役割は次の通りである。

①　基幹的社会福祉協議会に出勤し，専門員から支援内容の指示を受ける（通帳・印鑑を受け取る）。 ②　利用者宅を訪問し通帳・印鑑，郵便物，請求書内容，利用者の様子を確認する。 ③　金融機関等の払い出し，振込手続・支払い支援（領収書の確認）に同行する。 ④　専門員に報告，通帳・印鑑を返却（残高と領収書の確認）と支援内容を記録する。

　資格要件に任用資格はないが生活支援員養成研修を修了する必要がある。業務においては特に利用者への定期的訪問による生活変化の察知（報告）が重要である。勤務形態は非常勤体制が中心であり，稼働回数等に応じて社会福祉協議会から報酬が支払われる（給与水準は各市町村社会福祉協議会基準に応じた雇用条件とし，月収20万円前後）。

3　成年後見制度との連携

（1）日常生活自立支援事業と法定後見制度

　日常生活自立支援事業と法定後見制度（成年後見制度）の関係性を理解するため表17-2に整理した。両制度は密接な関係にあり，本事業の利用が権利擁護の入口となっている側面もあり，成年後見制度を併行して利用しなければ支

表17-2　日常生活自立支援事業と法定後見制度（成年後見制度）との比較

項　目	日常生活自立支援事業	法定後見制度（成年後見制度）
対象者 （認知症高齢者・ 知的障害者等）	・精神上の理由により日常生活を営むのに支障がある者 ※契約の意味・内容を理解できることが必要	・精神上の障害により事理弁護する能力の不十分な者 ※契約の意味・内容を理解できなくても活用可能
担い手 ◎機関　※現業員	都道府県・指定都市社会福祉協議会 ◎基幹的社会福祉協議会　※専門員，生活支援員	補助人，保佐人，成年後見人（家庭裁判所が選任） ◎親族，弁護士，司法書士，社会福祉士等複数可
手続き申込み手段 ◎契約手続き	基幹的社会福祉協議会の相談・申込み ◎本人が契約	家庭裁判所に申立て ◎本人，配偶者，4親等以内の親族，検察官，市町村長等）
※関連情報	※社会福祉協議会との契約	※本人の同意：補助は必要，保佐・後見は不要
利用確定のための確認・審査，鑑定・診断	「契約締結判定ガイドライン」により確認	医師の鑑定書，診断書 ※家庭裁判所に提出，保佐・後見＝鑑定必要
実施主体（居場所）	在宅　※施設，病院の場合も利用可能	在宅に限らない　※後見人の支援が継続の場合
利用料	契約前は公費負担，契約後は利用者負担 ※約1000〜1200円／1回	申立費用，後見報酬等は原則すべて本人負担 ※後見報酬は家庭裁判所が費用額決定
費用補助，減免，助成	生活保護受給者は公費補助，収入により段階的	成年後見制度利用支援事業 成年後見助成基金（司法書士会）
援助方法の決定，種類	方法：本人と社会福祉協議会により決定 日常的金銭管理，福祉サービス利用，書類預かり	方法：家庭裁判所により審判 財産管理，身上監護に関する法律行為，同意権・取消権，代理権

　出所：法務省「成年後見制度──成年後見登記制度」（https://www.moj.go.jp/MINJI/minji17.html）および厚生労働省「日常生活自立支援事業」（https://www.mhlw.go.jp/bunya/seikatsuhogo/chiiki-fukusi-yougo.html），厚生労働省社会・援護局地域福祉課「福祉サービス利用援助事業について　資料4」（https://www.mhlw.go.jp/shingi/2007/11/dl/s1119-7e.pdf）より一部筆者改変。いずれも2022年5月18日閲覧。

援していくことが難しい場面も多くある。(6)(7)利用者の状況に応じて適切な制度利用を活用できるよう各支援制度の違いを理解し，本事業のさらなる発展と成年後見制度に移行する場合のスムーズな支援につなげられるよう連続性を高め，利用促進と一体的な権利擁護体制の強化が求められる。

（2）連携の事例

> ### 事　例　自立支援事業と成年後見制度の連携
>
> 　82歳のT氏は，年金受給での一人暮らしである。近所の信頼しているM氏が食事の世話や預金の出し入れを時々手伝ってくれている。最近物忘れも多くなり，火の始末や預金管理などに支障が出はじめており，T氏は今後の生活に不安と心配を感じている。遠方に離れて暮らしている妹はいるが，遠慮もあり連絡がとりにくい状況である。これからの生活をどうするか，通帳管理をこのままM氏が継続していてよいのかどうか。認知症の疑いも感じられ，生活への不安が高まり，M氏が近隣の地域包括支援センターに相談した。
>
> 　現状から福祉サービスの利用援助や金銭管理が必要と考えられ，社会福祉協議会につなぎ，T氏の意思が明確であるので，M氏との信頼関係を維持しつつ，関係調整を同時に進めながら支援する方向がよいと職員より助言を受ける。また認知症状に関しては受診を勧め，妹への情報提供もあわせて行い，まずは生活支援と金銭管理を専門家に委ねるため日常生活自立支援事業の利用手続を行うことになった。T氏はM氏や妹にも負担をかけて申し訳ないと思っている。今後の認知症状の程度によってはそばで見守れない妹との関係性やM氏との関わりにも限界が出てくることが予測されるため，意思が明確に伝えられない状況になれば，成年後見制度への移行や併行活用も考えられる。のちに妹からの連絡により制度移行などへの確認もできた。金銭管理などに専門員が関わることで，生活への安心につながっている。

　現状では，T氏の場合，主に金銭管理と福祉サービスの利用援助で日々の生活への見守りが必要となる。今まで近隣のM氏が対応していた預金の出し入れや，公共料金，医療費の支払い，年金の受け取りなど日常的金銭管理も必要と予測される。専門員により金銭管理の習慣づけを確立し，火の始末など日常生活の安全なリズムづくりと情報の入手や，支出のルールを確立することで生活への不安が軽減される。今後の金銭管理や日常生活の安定につながる支援のためには，現段階では日常生活自立支援事業の申請が妥当である。

コラム　支援の先に見える自分事に感じられる心

　日頃，人の支援をしながら何が自分の支えになっているのか，考えたことがあるだろうか？　自分は役に立っているのか？　本当にこの仕事は自分に合っているのか？　など考えてしまうと余計に疲れてしまうかもしれない。

　毎日人と関わる中で，自分のこだわりは何なのかを考えることがある。狭い範囲では目の前の支援する方の状況を見て適宜判断して関わっていると思う。しかし，経験値を積み重ねても「ハっ」と気づかされることがある。

　数十年前，ある列車事故が起こり多数の死者が出た。そのときに高校生が新聞に投稿した数行の文字が筆者の心に突き刺さり，価値観を変えられた経験がある。以下に投稿文を一部抜粋要約する。「列車事故には強い衝撃を与えられた。何人が亡くなったということが問題ではない。数字だけで事故の大きさを判断してしまいがちだが，その数字の向こうには，多くの方のはかり知れない怒りと悲しみがあり，誰もがそれぞれの人生を生きている。その大切な人生が奪われたときに，単に一人の犠牲者として見るのはたとえ他人であっても許されない。数字の向こうにある思いを感じ取る，聞こえぬ声を聞く，ということ。それを忘れずに，毎日を送っていきたい」。投稿者は1人称，2人称の死と事故による死者の死とを重ね合わせ，死を実感のない「他人事」ではなく「自分事」として捉えており，見えない一人ひとりの命に思いをはせている。この高校生は，自己肯定感が高く他者との関係性が確立できていて，共感力が高く相手と同じ痛み，悲しみを共有できている。この捉え方は支援側には重要な価値である。自分事で支援することは非常に難しいが，日々命に向き合っているという認識に気づかされ強い衝撃を受けた。大きく価値を変える機会となり，目の前の見える身体と見えない心をどれだけ意識できるか，創造性を育み自分事に考えられる価値観にいかにつなげていけるかあらためて考えさせられた。支援される側の心を意識できるよう，今後も価値を高めていきたいと強く感じた出来事であった。

　T氏には，自分でできる間は自身で行いたいという思いもある。買い物や外出などM氏と気兼ねなく付き合える関係性を調整することで精神的な安心にもつながる。支援計画は，利用者の必要とする援助内容や判断能力の変化にあわせて定期的に見直す必要がある。また認知症の診断結果や進行状況により，徐々に判断能力が低下し，判断が困難になった場合，成年後見制度への移行は，

日常の金銭管理を超えたすべての財産管理（通帳，実印，銀行印，年金証書，カード，不動産売買等）や，施設入所の代理による契約等が必要な場合にも対応が可能となる。日常生活自立支援事業と成年後見制度の併用が可能であるため，互いの制度を利用，補完し合い，支援を重層化できることもあり，T氏が意思を伝えられなくなった時点で遠方に居住の妹との調整のうえ，成年後見制度への移行も考慮すべき事例といえる。

　併行利用に関する判断指標では，①日常的に権利侵害や虐待を受けるおそれがあり，見守りが必要，②生活上の課題を抱え複数の機関での関わりが必要，③本人からの頻繁な訴えに対してきめ細やかな対応が必要，④新しい人間関係の形成が困難であり日常生活自立支援事業の支援の解約が大きな不利益になると想定される場合などがある。

　T氏には，自立支援事業から成年後見制度への「必要な事務の手配・調整」といった切れ目のない継続的支援が求められる。

注
(1)　萩沢友一（2016）「日常生活自立支援授業の課題と展望——国民の権利保障の観点から」『人間社会環境研究』32，38〜39頁。
(2)　嶋貫真人（2011）「日常生活自立支援事業の課題——成年後見制度との関係を中心に」『社会福祉学』52(1)，30〜32頁。
(3)　横倉聡・馬場茂樹（2008）『社会保障制度介護福祉の制度と実践』建帛社，164頁。
(4)　ふれあいネットワーク（社会福祉法人全国社会福祉協議会地域福祉部）（2021）『日常生活自立支援授業の概要と支援現状　参考資料5』（https://www.mhlw.go.jp/content/12000000/000769824.pdf　2022年5月10日閲覧）。
(5)　契約締結審査会とは，弁護士・医師・社会福祉士などの専門家で原則5名以上の委員で構成され，本人の契約能力や判断能力の確認や疑義が必要な場合，専門的な立場で契約可否等を審査する。また，専門員や生活支援員への助言も行う。開催回数は最低月1回としている。
(6)　社会福祉士養成講座編集委員会編（2019）『権利擁護と成年後見制度（第4版）』中央法規出版，82頁。
(7)　田中亮一（2017）『Q＆A「成年後見」実務ハンドブック（改訂3版）』セルバ出版，63頁。

参考文献

厚生労働省（2020）「日常生活支援事業」『令和3年版　厚生労働白書』（https://www.mhlw.go.jp/wp/hakusyo/kousei/20-2/dl/08.pdf　2022年5月18日閲覧）。

厚生労働省「成年後見制度の概要」（https://www.mhlw.go.jp/file/06-Seisakujouhou-12600000-Seisakutoukatsukan/0000100568.pdf　2022年5月22日閲覧）52頁。

厚生労働省社会・援護局地域福祉課（2007）『福祉サービス利用援助事業について』（https://www.mhlw.go.jp/shingi/2007/11/dl/s1119-7e.pdf　2022年5月18日閲覧）。

全国社会福祉協議会（2009）『全国社会福祉協議会パンフレット』（http://www.shakyo.or.jp/　2022年5月12日閲覧）。

ふれあいネットワーク（社会福祉法人全国社会福祉協議会地域福祉部）（2021）『社会福祉協議会の組織・事業・活動について　参考資料6』2〜3頁。

一問一答　　　　　　　　　○か×か，答えてみよう。解答は219頁を参照。

1．生活支援員は，原則常勤であり支援計画を策定，立案する。　　　　（　　）
2．日常生活自立支援事業の利用は，「精神上の障害により事理弁護する能力の困難な者に対して行う」とされており，契約の内容が理解できなくても利用可能である。　　　　　　　　　　　　　　　　　　　　　　　　　　　　　（　　）
3．日常生活自立支援事業の実施主体である都道府県社会福祉協議会は，事業の一部を市区町村社会福祉協議会に委託することができる。　　　　　　　（　　）
4．日常生活自立支援事業の実施主体である都道府県社会福祉協議会は，職権により本人の利用を開始することができる。　　　　　　　　　　　　　（　　）
5．契約締結にあたって，本人の判断能力に疑義がある場合は，市町村が利用の可否を判断する。　　　　　　　　　　　　　　　　　　　　　　　　　（　　）

.

一問一答　解答と解説

第1章

1. ○　社会規範には，法以外にも宗教や礼儀，習俗や慣習，道徳などがあるが，国家権力による強制力を伴うのは法だけである。
2. ×　憲法は最高法規であり，法律，命令，規則など，下位にあるものは憲法に反することはできない。上位の法は下位の法に優先する。
3. ×　民法のような私法の領域の法であっても，身分に関する定めや公序良俗に関する定めなどは強行法規である。
4. ○　制定法は法律，命令，規則などの形で規定されるが，規定のない部分については，裁判所が判例，慣習，条理などを用いて判断することもある。
5. ×　刑法の分野では罪刑法定主義を原則としており，国民の自由の保障，予測可能性の観点から，罪と刑罰はあらかじめ明確に法の形で定めておく必要があり，類推解釈は認められない。

第2章

1. ○　社会福祉士において特に問題になるものとして，第46条の秘密保持義務違反がある。「第46条に違反した者は，1年以下の懲役又は30万円以下の罰金に処する」とされている。
2. ×　クーリングオフとは，消費者が一定の取引で契約した後に，一定期間内に理由を問わず，一方的に申込みの撤回や契約の解除ができる制度である。
3. ×　介護保険制度における介護認定の不服申立てが行えるのは，「本人及びその家族」とされているが，委任状があれば社会福祉士を含む，代理人が行える。

第3章

1. ×　憲法が国家権力に権限を授けることを授権規範性と呼び，憲法が国家権力の権限の範囲を制限することを制限規範性と呼ぶ。
2. ×　憲法は最高法規であって，憲法に反するすべての法は効力を有さない。しかし，国民が勝手に無効と判断して好き勝手に行動すると社会が混乱するので，法の憲法適合性を判断するのは裁判所であるとする。

3．○　日本国憲法は，法や国家ができる以前から，誰もが人間である以上，生まれながらにして当然に持っている権利であるとして，人権を前憲法的・前国家的なものと捉えている。

4．×　法の支配では，国家権力の行為はすべて法に基づいている必要があり，その法は正しい法でなければならない。法の内容も適用する際の手続も適正である必要がある。

5．×　具体的な他者の人権と衝突してしまう場合に，必要最小限の人権制約のみを認めるのが公共の福祉の考え方であり，「社会やみんなのために我慢しろ」とか「公共性の高い人権を優先しろ」という意味ではない。

第4章

1．○　契約が有効に成立するためには，表意者に意思能力があることが必要であり，なければ契約は無効になる（民法第5条第2項）。

2．×　「事務」とは，人の生活に利益をもたらすような仕事全般，「管理」とは，保存・利用・改良などの行為をさす。

3．×　相当因果関係に限定され，無限に責任を負うわけではない。

4．○　血族とは，血縁関係にある者をいい，自然血族と法定血族がある。養子縁組をすれば法定血族となり，養子は嫡出子の身分を取得する。

5．×　遺言能力は15歳からである。

第5章

1．○　行政行為とは，行政機関が行う行為のすべてを意味するのではなく，特定の性質を備えた行為をいう。行政指導や行政契約は行政行為ではない。

2．×　不利益処分の審査基準の設定は努力義務である（行政手続法第12条）。不利益処分をする場合，どのような場合に処分するか個別具体的な事情を考慮する必要があるためである。これに対し申請に対する処分の審査基準（行政手続法第5条）の設定は義務であることに注意する必要がある。

3．×　審査請求と訴訟提起は，自由選択主義（行政事件訴訟法第8条）が原則であるが，国民年金法については不服申立前置主義がとられている（国民年金法第101条の2）。

4．○　建築確認の法的効果は，それを受けなければ建築工事をすることができないというのみであり，その法的効果は工事が完了したときには消滅するため，訴えの利益は消滅する。このような場合には取消訴訟提起と同時に執行停止の申立

てにより工事を停止しておく方法がある。

5．✕　民法第715条の使用者責任とは異なり，国家賠償法第1条に基づく賠償責任には選任・監督の免責は認められていない。

第6章

1．〇　2019（令和元）年に最終とりまとめとして公表された「地域共生社会に向けた包括的支援と多様な参加・協働の推進に関する検討会」では，「地域住民の複合化・複雑化した支援ニーズに対応する市町村における包括的な支援体制の構築を推進するため，「断らない相談支援」「参加支援」「地域づくりに向けた支援」の3つの支援を一体的に行う市町村の新たな事業を創設すべき」とある。

2．✕　「弁護士」も，社会福祉士・精神保健福祉士らと並ぶ，代表的なアドボケーターである。

3．〇　「ソーシャルワーク専門職のグローバル定義」は以下の内容である。「ソーシャルワークは，社会変革と社会開発，社会的結束，および人々のエンパワメントと解放を促進する，実践に基づいた専門職であり学問である。社会正義，人権，集団的責任，および多様性尊重の諸原理は，ソーシャルワークの中核をなす（以下省略）」。

4．✕　マズローの欲求階層説の最上位は「自己実現の欲求」である。

5．✕　ソーシャルワーカーの倫理綱領における当該箇所の正確な文章は以下の通りである。「われわれソーシャルワーカーは，すべての人が人間としての尊厳を有し，価値ある存在であり，平等であることを深く認識する」。

第7章

1．〇　2000（平成12）年成立の社会福祉法第8章「福祉サービスの適切な利用」では，「情報収集および福祉サービス選択段階を支える仕組み」として，「福祉サービスを提供する事業者による福祉サービスに関する情報提供」が挙げられている。

2．〇　社会福祉法（同上）第8章「福祉サービスの適切な利用」では，さらに「契約の締結段階を支える仕組み」として，「契約成立時の書面の交付義務」が挙げられている。

3．✕　障害者分野ではじめて契約制度が組み込まれたのは2003（平成15）年に施行された障害者自立支援法からである。

4．✕　2000（平成12）年に成立した社会福祉法第78条では，「福祉サービスの質

の向上のための措置等」に関する条文がある。
5．×　厚生労働省により2018（平成30）年に策定された「認知症の人の日常生活・社会生活における意思決定支援ガイドライン」では，認知症の重度・軽度の差をつけることなく，周囲の人が本人の自己決定を支える意思決定支援の基本的な考え方や姿勢，方法，配慮すべき事柄等を示している。

第8章

1．○　社会福祉士法第85条第1項において，そのように規定されている。
2．○　第三者委員の役割と職務は「社会福祉事業の経営者による福祉サービスに関する苦情解決の仕組みの指針」で，苦情申出人および事業者への助言，苦情申出人と苦情解決責任者の話合いへの立会い，助言等とされている。
3．×　社会福祉法第83条の規定にある通り，都道府県社会福祉協議会が設けなければならないのは「運営適正化委員会」である。
4．×　「社会福祉事業の経営者による福祉サービスに関する苦情解決の仕組みの指針」において，「サービスの質や信頼性の向上を図るため，個人情報に関するものを除き，インターネットを活用した方法のほか，『事業報告書』や『広報誌』等に実績を掲載し，公表する」と記載されている。
5．×　「運営適正化委員会における福祉サービスに関する苦情解決事業について」（2017年一部改正）において，介護保険制度の対象となる福祉サービスに関する苦情について「利用者の選択により運営適正化委員会の事業を活用することも当然可能である」と記載されている。

第9章

1．×　高齢者虐待防止法は，虐待防止に関する国等の責務，高齢者の保護，養護者に対する支援等を定めた法律である。
2．×　高齢者虐待の類型は，身体的虐待，心理的虐待，経済的虐待，ネグレクト（世話の放棄），そして性的虐待を含めた5つに分類される。
3．×　高齢者虐待防止法第7条に，「養護者による高齢者虐待を受けたと思われる高齢者を発見した者は，当該高齢者の生命又は身体に重大な危険が生じている場合は，速やかに，これを市町村に通報しなければならない」「前項に定める場合のほか，養護者による高齢者虐待を受けたと思われる高齢者を発見した者は，速やかに，これを市町村に通報するよう努めなければならない」と規定されているため，可能性の段階での通報でも問題はない。

4．×　②「家族の意思決定能力への配慮」ではなく，正しくは，②「本人の意思決定能力への配慮」。

第10章

1．○　障害者虐待防止法では，虐待を3つの類型に分けている。
2．×　身体的虐待，性的虐待，心理的虐待，介護の放棄・放任，経済的虐待の5種類である。
3．○　ただし，障害者を雇用する「使用者による障害者虐待」は減少している。
4．×　障害者総合支援法では「障害者等の意思決定の支援に配慮するよう努める」（第42条，第51条の22）と意思決定支援への具体的な取り組みを位置づけている。
5．○　本人の意思を事業者だけで検討するのではなく，家族や成年後見人等のほか，必要に応じて関係者等の参加を得ることが望ましい。

第11章

1．×　ルソーは1762年に，著書『エミール』においてこれまでの「小さな大人」を批判した。1900年の『児童の世紀』はエレン・ケイが著者。
2．○　1948年の世界人権宣言に続き，子どもの権利の重要性について確認した。
3．×　日本では1994年に世界で158か国目に批准した。
4．○　児童福祉法第33条の4第4号を参照。
5．×　里親委託ガイドラインや各児童福祉施設別の運営指針で，子どもの権利ノートなどを活用して随時子どもに権利を伝えることを求めている。

第12章

1．×　インフォームド・コンセントの要件の遵守を求めると，患者の生命や健康が重大な危険にさらされる場合には，インフォームド・コンセントを省略することができるとされている。状況によって説明のみの省略であったり，説明と同意の両方を省略する場合がある。
2．×　医療法第1条の4第2項には，「医師，歯科医師，薬剤師，看護師その他の医療の担い手は，医療を提供するに当たり，適切な説明を行い，医療を受ける者の理解を得るよう努めなければならない」と示されている。努力義務である。

3．×　医療従事者は，患者が十分に理解しやすい言葉を用いて説明する必要がある。そのため，患者への説明の際は医療用語を使用しないことが望ましい。

4．○　個人情報保護法第2条で「この法律において『個人情報』とは，生存する個人に関する情報」であると明記されている。亡くなった人を対象としているのは，「診療情報の提供等に関する指針」（厚生労働省）（2003年）や「医療・介護関係事業者における個人情報の適切な取扱いのためのガイダンス」（厚生労働省）（2017年）などである。

第13章

1．○　家庭裁判所は後見監督人，被後見人もしくはその親族もしくは検察官の請求によりまたは職権で後見人を解任できる。

2．×　公正証書遺言作成の場合では検認は不要である。

3．○　法定後見制度，任意後見制度ともに，成年被後見人等になると，法務局に登記される。

4．○　事業の一部を市区町村社会福祉協議会に委託することができる。

5．×　司法書士が最も多く選任されている。

第14章

1．○　民法第第9条の通りである。

2．×　成年後見人等に共通する内容として，居住用不動産の処分（売却，賃貸，抵当権・根抵当権の設定，賃貸借契約の締結や解除など）をする際は家庭裁判所の許可が必要である。

3．×　民法第11条に保佐開始の審判に関する規定があるが，本人の同意は必要とされていない。本人の同意が必要なのは，補助開始の申立てを本人以外の者の請求によって行う場合である。

4．×　任意後見契約は，公正証書によって締結する必要があり，公証役場にて行う。

5．○　任意後見契約は家庭裁判所から任意後見監督人が選任されることを前提としており，法定後見制度と異なり，必ず任意後見監督人が選任される。

第15章

1．○　最高裁判所の統計データによると2022（令和4）年12月末時点における成
　年後見制度の総利用者数は合計24万5087人である。
2．×　類型別に見てみると成年後見類型が全体の約73％と圧倒的に多く，保佐・
　補助類型は少ない。
3．○　2021（令和3）年の最高裁判所の統計データによると成年後見制度の開始
　原因として，認知症の割合が60％を超えている。
4．×　成年後見制度利用促進法の第3条第2項では，「市民の中から成年後見人
　等の候補者を育成しその活用を図ることを通じて成年後見人等となる人材を十分
　に確保する」と規定がある。
5．○　そのほか，「担い手確保・育成等の推進」「市町村長申立ての適切な実施」
　「地方公共団体における行政計画等の策定」「都道府県の機能強化による地域連携
　ネットワークづくりの推進」がある。

第16章

1．×　申立ては，原則として本人の住所地を管轄する家庭裁判所にて行う。
2．○　成年後見制度利用支援事業（高齢者分野）の事業内容には，「成年後見制
　度の利用促進のための広報・普及活動」と「成年後見制度の利用に要する費用に
　対する助成」がある。
3．×　市町村長申立て以外のケースも利用対象となり得るものとされている。
4．×　後見制度支援信託は，日常的な支払いをするのに必要十分な金銭を預貯金
　等として後見人が管理し，通常使用しない金銭を信託銀行等に信託する仕組みで
　ある。
5．○　様々な生活場面において本人自ら意思決定を可能とするための支援に関す
　る法制度や体制整備が求められている。

第17章

1．×　生活支援員は，非常勤であり支援計画には関わらない（内容は専門員のこ
　と）。
2．×　日常生活自立支援事業の利用は精神上の理由により日常生活を営むのに支
　障のある者が条件となる。契約の内容が理解できることが必要である。
3．○　実施主体は都道府県・指定都市社会福祉協議会で，事業の一部を市区町村

社会福祉協議会等に委託することができる。

4．×　日常生活自立支援事業は，契約に基づき開始されるため，職権により開始することはできない。

5．×　契約能力に疑義がある場合，医療・福祉・法律の専門家からなる契約締結審査会により利用の可否を判断する。

おわりに

2020年，春。

対岸の火事と，他人事に捉えていた新型コロナウイルスによるパンデミックの危機に，日本もすぐにのみこまれました。あらゆる国の経済活動はストップし，世界中の人々が正体のわからないウイルスの脅威にさらされました。100年前のスペイン風邪の時代とは比較にならない規模のものでした。グローバル化とIT化を極めた世界が立ち止まらざるを得なかったのです。

このテキストを手に取られたみなさまも執筆した私たちも，大切な3年間を人とのリアルな交流を十分には行えないまま過ごし，今，ここにいます。

本書には，人を支える前に理解しておいてほしい，最も重要かつ基本的な知識がつまっています。たとえば，人権とはどれほど私たちにとって重要で，しかも，いかに危機にさらされているか，それら人権を守るために私たちには，まず，日本国憲法があること，そして，さまざまな法制度が存在することなどを本書を読み進めながら，理解を深めていってほしいと思います。

冒頭に記したパンデミックだけでなく，私たちは現在，さまざまな危機への不安に苛まれて生きています。いつ起きるかわからない大地震，温暖化によるといわれる異常気象，自分たちで生み出したはずのAIにとってかわられるかもしれない数々の仕事。多くの危機にさらされている現代において最も大きな打撃（しわ寄せ）を受けるのは，さまざまな理由により力を奪われてしまっている人たちなのです。

このような時代であるからこそ，力を弱められている人々をエンパワメントするために支える役割がますます，求められています。その役割を目指そうとしているみなさんにこのテキストが手助けになるとすれば，何よりも幸いです。

今年の4月末，ある授業の終了直後にひとりの学生が私に声をかけてくれました。「先生の授業，わかりやすいです」と。決して大げさでなく，この言葉が私に希望を与えてくれました。5月には別の授業でひとりの学生が「先生，

今日の授業，おもしろかった」と教室を立ち去る前に残してくれた言葉が，年度末から年度はじめと走り続け，疲れ果てていた私をエンパワーしてくれました。

　みなさんはすでに，充分にひとを支えることができる存在なのです。

　最後になりましたが，発刊の機会を頂戴しました監修の杉本敏夫先生（関西福祉科学大学名誉教授），分担執筆の労を担ってくださいました先生方，さらに，発刊までのすべてのプロセスにわたり，大変細やかなご配慮をいただきました，ミネルヴァ書房，亀山みのり氏に，深く感謝申し上げます。

2023年6月

編者　都村尚子

さくいん

（＊は人名）

監修者紹介

杉本　敏夫 (すぎもと・としお)

　現　在　関西福祉科学大学名誉教授

　主　著　『新社会福祉方法原論』（共著）ミネルヴァ書房，1996年
　　　　　『高齢者福祉とソーシャルワーク』（監訳）晃洋書房，2012年
　　　　　『社会福祉概論（第3版）』（共編著）勁草書房，2014年

執筆者紹介 (執筆順，＊印は編者)

松村　歌子
（第1・3・4章）
関西福祉科学大学健康福祉学部教授

＊都村　尚子
（第2・6・7章，第9章第3・4節）
編著者紹介参照

築山　直世
（第5章）
築山行政書士事務所

三田村　知子
（第8章）
関西福祉科学大学社会福祉学部准教授

竹田　直樹
（第9章第1・2節，第14章第4・5節）
関西福祉科学大学社会福祉学部助教（特任）

小口　将典
（第10・13章）
関西福祉科学大学社会福祉学部准教授

吉田　祐一郎
（第11章）
四天王寺大学教育学部准教授

貴田　康裕
（第12章）
社会医療法人健生会土庫病院医療福祉相談課

髙井　裕二
（第14章第1～3節，第15・16章）
大阪歯科大学医療保健学部講師

加藤　友野
（第17章）
関西福祉科学大学社会福祉学部教授

編著者紹介

都村　尚子 (つむら・なおこ)

　現　在　関西福祉科学大学社会福祉学部教授，同学部長
　主　著　『福祉コミュニケーション論』（編著）中央法規出版，2011年
　　　　　『五感対話法――認知症・自殺に傾いたひと・困難な病気を抱えたひとへの支援』
　　　　　（単著）みらい，2020年
　　　　　『ソーシャルワーク実習ハンドブック』（共編著）ミネルヴァ書房，2022年

最新・はじめて学ぶ社会福祉⑲
権利擁護を支える法制度

2023年9月30日　初版第1刷発行　　　　　　　〈検印省略〉

定価はカバーに
表示しています

監　修　者　　杉　本　敏　夫
編　著　者　　都　村　尚　子
発　行　者　　杉　田　啓　三
印　刷　者　　坂　本　喜　杏

発行所　　株式会社　ミネルヴァ書房
607-8494　京都市山科区日ノ岡堤谷町1
電話代表　（075）581-5191
振替口座　01020-0-8076

©都村ほか，2023　　　　冨山房インターナショナル・坂井製本

ISBN 978-4-623-09606-0

Printed in Japan

杉本敏夫　監修

──────── 最新・はじめて学ぶ社会福祉 ────────

全23巻予定／Ａ５判　並製

順次刊行，●数字は既刊

──────── ミネルヴァ書房 ────────

https://www.minervashobo.co.jp/